本书出版得到武汉大学两型社会研究院、武汉大学经济与管理学院理论经济学“双一流”学科建设、武汉大学人口、资源、环境经济研究中心、韩国高等教育财团（2019-2020年ISEF）经费资助。

中国劳动力转移的新模式研究

魏珊　魏佳妮　冯英杰　著

WUHAN UNIVERSITY PRESS
武汉大学出版社

图书在版编目(CIP)数据

中国劳动力转移的新模式研究/魏珊,魏佳妮,冯英杰著.—武汉:武汉大学出版社,2021.12

ISBN 978-7-307-22771-2

Ⅰ.中… Ⅱ.①魏… ②魏… ③冯… Ⅲ.劳动力转移—研究—中国 Ⅳ.F249.21

中国版本图书馆 CIP 数据核字(2021)第 251218 号

责任编辑:唐 伟　　责任校对:汪欣怡　　版式设计:马 佳

出版发行:**武汉大学出版社** (430072 武昌 珞珈山)

(电子邮箱:cbs22@ whu.edu.cn 网址:www.wdp. com.cn)

印刷:武汉邮科印务有限公司

开本:720×1000 1/16 印张:11.75 字数:191 千字 插页:1

版次:2021 年 12 月第 1 版 2021 年 12 月第 1 次印刷

ISBN 978-7-307-22771-2 定价:45.00 元

序　言

自1978年党的十一届三中全会确立开始进行改革开放政策到今天，已经40多年过去了，中国经济发生了翻天覆地的变化。在这个过程中，中国始终没有绕开一个结，就是劳动力问题。

作为世界上人口最多的国家，中国的劳动力资源是非常丰富的。在改革开放初期，中国的劳动力主要集中在农村地区，但是在当时，家庭联产承包责任制的实施，让中国农业土地上的隐性劳动力失业问题全部显现出来，农业土地无法承载当时在农业方面的劳动力，这些劳动力必须转移到其他领域。随着乡镇企业大发展，中国农业剩余人口开始从农业转移到乡镇企业，这就是中国农业劳动力转移的就地转移问题，在学术界称为离土不离乡。

乡镇企业在就地解决农业转移劳动问题的同时，面临着许多的先天不足，如乡村工业化距离市场太远、生产效率太低、污染严重，等等，户户冒烟、村村点火的乡村工业化不是中国工业化的正确道路，随着中国沿海地区加工贸易的大发展，无数农村转移人口开始异地迁移，这个过程在学术界称为离土又离乡。

从1994年中国农业剩余人口离土离乡的“民工潮”开始，20多年过去了，中国的农业剩余转移人口进入了一个新的环境，出现了新的问题，面临着新的困惑。很多人认为中国的农业剩余转移人口已经转移完成，农业剩余劳动力转移已经翻开了新的篇章，这个问题在学术界已经可以终结。但是事实上，农业劳动人口的剩余一直是一个随着劳动生产效率提高而存在的话题，就好像土地联产承包责任制发生之后，农业生产效率随着土地制度创新而提高，农业人口立即开始剩余一样。随着当前中国土地流转制度的实施，农业机械化大规模推广，在农村地区，农业剩余人口还在继续产生。中国2019年常住人口城镇化率为60.60%，户籍人口城镇化率为44.38%。① 这说明当前中国还有几乎接近一半的人口在农村生活和工作。这个与发达国家接近90%的城镇化水平比，还存在很大的差距，说明中国农村领域还有大量的人口需要努力转移到城镇中去。李克强总理在2016年3月5日的第十二届全国人民代表大会第四次会议上讲，中国在“十三五”期间，还必须实现1亿中西部人口转入城镇中去。这些都说明劳动力的转移问题是一个相对动态的问题，对劳动力转移过程中碰到的问题不能有丝毫的懈怠。

劳动力转移问题不是一个凭空产生的问题，它永远植根于过去发生的事情，具有历史性和逻辑一致性。中国的劳动力转移一方面对中国的经济增长和现代化建设起到了重要的作用，促进了全社会的进步和繁荣，另一方面它也改变了自身面临的环境，并在与社会经济的其他各种因素碰撞过程中形成了新的问题。对于这些新问题、新环境，必须进行仔细甄别，并形成一个解决的思路。这个思路就是中国农业剩余劳动力转移的新模式。

顺着这个思路，本研究对中国劳动力转移的历史和现状进行了梳理，对中国农业剩余劳动力转移中碰到的新环境、新情况和新问题进行了思考，对这些问题的来龙去脉进行了剖析，力图还原劳动力转移的本相，并通过这些分析，找到在新的环境之下中国劳动力转移的新思路。

本书各个章节的撰写者来自武汉大学经济管理学院人口·资源·环境经济研究中心、武汉大学两型研究院、武汉大学经济研究所，郑州航空工业管理学院经济学院，澳门城市大学国际旅游与管理学院。各个章节的具体写作人员为：第一章：魏珊；第二章：魏珊、冯英杰；第三章：魏珊、魏佳妮；第四章：魏珊、魏佳妮；第五章：魏珊、冯英杰。

针对中国劳动力转移新模式，本书所做的研究只能是一个抛砖引玉的过程，错误和缺点在所难免，希望获得各位专家和学者的批评与指正。

魏　珊

2020年于韩国首尔大学国际馆

---

① 数据来源：《统计局发布2019年国民经济和社会发展统计公报》，http://baijiahao.baidu.com/s?id=1659744407335391013&wfr=spider&for=pc.

目　录

第一章　绪论 …… 1
一、几个概念的澄清 …… 1
二、国内外相关的研究 …… 17
三、本研究的主要内容 …… 49
四、研究的意义 …… 52

第二章　中国劳动力转移的新环境 …… 58
一、劳动力转移新环境的含义 …… 58
二、中国劳动力转移工业化的状态环境分析 …… 60
三、中国劳动力转移城镇化状态环境分析 …… 81
四、中国劳动力转移信息化状态环境分析 …… 91
五、中国劳动力转移社会政策的状态环境分析 …… 102

第三章　中国劳动力转移的新情况 …… 114
一、劳动力转移新情况的含义 …… 114
二、转移剩余劳动力人口学特征变化情况 …… 117
三、劳动力转移经济学特征变化情况 …… 125
四、劳动力转移空间地理分布特征变化情况 …… 130
五、总结 …… 133

第四章　中国劳动力转移面临的新问题 …… 135
一、劳动力转移新问题的含义 …… 135

二、中国农业剩余劳动力转移任务的评估问题 …… 138
三、中国农村的实现可持续发展问题 …… 142
四、转移劳动力的市民化问题 …… 148
五、劳动合同法对劳动力转移的影响问题 …… 153
六、全球制造业分工体系的变化对劳动力转移的影响问题 …… 156

第五章　解决中国劳动力转移问题的新思路 …… 161
一、解决中国劳动力转移问题的总体框架 …… 161
二、中国劳动力转移需求创造思路的转变 …… 164
三、中国劳动力转移的供给侧创新 …… 170
四、中国劳动力转移的中介创新 …… 175

参考文献 …… 180

第一章　绪　　论

一、几个概念的澄清

（一）劳动力转移新模式的含义

劳动力转移是学术界中一个历史悠远的研究主题。

在很早以前，研究者就开始注意到劳动力在产业之间转移的问题了。在17世纪，英国古典政治经济学家威廉·配第（W. Petty）就发现：英格兰的农民每周只能赚4先令，而海员的工资加上伙食费和其他形式的收入共计每周12先令，即一个海员的收入能顶3个农民的收入。从单位时间收入报酬来看，海员的收入报酬要比农民的收入报酬高很多。配第指出，在荷兰这样一个制造业和商业从业人员比重较高的国家，其人均国民收入要比欧洲的其他国家高很多。配第认为，这种产业之间相对收入上的差异是产生劳动力在产业之间流动的原因。① 配第谈到的劳动力在产业之间转移的现象，就是劳动力转移的现象。

但是，假如我们把目光放得更远一些，会发现其实劳动力转移的历史不仅仅在配第所在的时代，而应该可以追溯到更早的时期。从更早的历史来看，人类历史上最早的劳动力转移现象可以追溯到人类社会的第一次社会大分工时期，即农业从畜牧业中分离出来。

在人类社会的早期，人类主要通过从事狩猎活动获取生存所需要的物质生活资料。由于体力和生理上的原因，从事狩猎活动主要由男性承担，女性在狩猎的过程承担辅助性工作，并承担一些体力消耗相对小的植物采集或者果实采集活

① 杨公朴，夏大慰．产业经济学．上海财经大学出版社，1998：9.

动。在长期的植物采集活动过程中，女性逐渐掌握了一些植物的生长规律，并发现和培育出水稻、棉花等农作物，开始了农业种植的生产活动，形成了原始的农业。由于农业收成的稳定性以及农业种植过程与猎杀猛兽相比风险性较小，男性也逐渐从捕获猎物的狩猎活动转向大规模地开发土地，从事农事生产活动。而男性参与农业生产活动，男性在体力上的优势使得农业得到了快速的发展。当越来越多的男性从狩猎业转移到农业生产活动中来，农业成了一个独立的产业生产部门。农业从狩猎业中分离出来了。人类社会的第一次社会大分工开始形成，整个社会形成了农业和狩猎业两个产业。

人类社会也从狩猎业为主的社会形态转为了以农业生产为主的社会形态。男性劳动力转向固定生产场地的农业生产活动，劳动力的职业在产业中发生了转移。这种劳动力转移的过程是人类社会自然选择的结果。这次劳动力转移的原因在于从事农业生产获取报酬（食物）要比从事狩猎活动获取报酬（食物）效率更高，并且持续、稳定、风险小。男性参与农业生产活动之后，因为体力、生理上的优势，事实上推动了农业生产活动的发展。农业生产中农作物的品种、种植面积等都得到了大大的发展，而且男性参与农业劳动后，农业生产的效率也得到了提高。

因此，随着新的生产效率较高的、边际报酬高的产业形态的出现，其产业的吸引力必然使得劳动力出现转移的趋势，劳动力将从生产效率低、边际报酬低的产业向生产效率高、边际报酬高的产业转移。从原始狩猎社会向农业社会转变的过程中，劳动力存在转移的现象；从农业社会向工业社会转移的过程中，劳动力存在转移的现象；从工业社会向信息化社会转移的过程中，劳动力转移的现象也并没有停止。

对于劳动力转移随社会进步和产业的不断更替而不断转移这一普遍规律而言，不存在劳动力转移的新模式问题。所谓新模式，一定是相对于旧模式而言的，没有旧模式就没有新模式。世事时时新，如果不预设时间起点，不预设发展的阶段，则人类社会不存在劳动力转移的新模式问题，因为劳动力的转移是人类社会永恒的现象，正如列文·斯坦（E. G. Ravenstain）所言，人类的迁移与流动意味着生存和进步，而静止则意味着停滞和萧条①。只要有新的高效率和高边际

① G. J. Lewis：Human migration. New York，Groom Held Ltd，1986：6-19.

报酬的产业形态出现，人类社会就会出现劳动力从较低形态产业向高级形态产业转移的现象，这是一条客观规律。这个规律不仅可以从一个国家经济发展的时间序列分析中得到印证，而且还可以从处于不同发展水平的国家在同一时点的横断面比较中得到类似的结论。① 因此，劳动力转移的规律毫无新意可言，劳动力转移已经被配第和克拉克揭示出来，已经是一个“旧”的客观规律了，由于是客观存在的规律，人们也只能遵守、认识、适应，但是无法打破。

既然劳动力不断地从低形态产业向高形态产业转移是一条客观规律，中国的劳动力转移毫无疑问也要遵守这条规律，劳动力转移的模式不存在超出配第-克拉克定律所规定的逻辑演绎的范畴。即，中国劳动力必然随着人均国民收入的提高，首先从第一产业向第二产业转移；随着人均国民收入的更进一步提高，劳动力便从第一产业和第二产业向第三产业移动；这时，劳动力在产业间的分布状况为第一产业就业人数减少，第二、第三产业就业人数增加。如果这样，则中国的劳动力转移并没有“新”意，中国劳动力转移的新模式的“新”也无从谈起，中国劳动力转移的新模式没有立足点。

虽然如此，我们承认从长期来看，劳动力转移具有常态化的特征，另一方面，我们也应该认识到劳动力在阶段内具有一些稳定的特征，表现在：

第一，劳动力就业在特定的社会生产形态中具有相对稳定性。尽管我们看到劳动力转移的现象永远都在发生，是人类社会永恒的主题，但是在特定的历史阶段和时期，阶段性的劳动力现状表现出的是一定的相对稳定性。无论是农业社会、工业社会，还是信息社会，当该社会的主导产业开始形成后，在相当长的时期内，社会的生产活动具有一种结构的稳定性，带来劳动力就业岗位的相对稳定形态。例如，在中国，农耕文明在整个封建社会的过程中持续了2000多年，这中间虽然随着朝代兴衰出现一些经济环境和上层建筑的变化，但是社会生产的基本资料——土地的封建属性没有改变，进而劳动力与土地之间的依附关系也一直维持着，农业经济是国民经济的命脉，劳动力人口从事农业生产劳动，这种超稳定结构持续了2000多年，人们以农业生产为主要职业，阶段性劳动力表现出稳定的特征。

第二，特定时期政府的政策、社会人文、经济和自然环境影响着劳动力的就

① 史忠良．产业经济学．经济管理出版社，1998：29.

业，造成劳动力在产业中具有稳定的特征，也就是说特定政策可以造成劳动力就业的稳定性。劳动力稳定性这个特点，在中国2000多年的集权制的政治环境中表现得更加突出。在中国的明代，郑和七次下西洋的活动带来了中国与南洋、西亚之间的广泛的贸易交往活动。海外贸易巨大利润的强大诱惑力让无数中国人参与到海外贸易的活动中来，形成了穿越中国南海—马六甲海峡—印度洋—西亚—欧洲的海上丝绸之路。许多农业劳动力放弃田地耕作参与到海上贸易中来，用现在的眼光来看，这就是劳动力的转移现象，从农业领域转移到商业领域。种田人在弃耕行为中获取了相当大的商业报酬，而且这种商业报酬远远大于农业耕种的报酬。如果这种趋势顺其自然的话，一个类似于地中海的商业文明和以经商为荣的社会就将在中华大地上形成。然而，当时社会上大量的农业弃耕行为让明朝政府很是恐惧，担心动摇了“以农为本”的朝廷的根基。1551年，明朝政府发布“片板不得下海”的行政命令。① 正式在月港设立靖边馆，“以通判往来巡缉”，对进行海外通商的人给予残酷的惩罚，限制农民从事远洋事业，通过严酷的行政命令将老百姓束缚在土地上，不让老百姓从事海外商业活动，使得原本生机盎然的海外贸易活动变得死气沉沉。政策造成了劳动力转移的停滞，农民只能永远从事农业劳动。用现在的目光来看，这是一件很令人遗憾的事情。

由此可以看出，尽管劳动力的转移是永恒的，但是这并不妨碍劳动力在某些特定时期具有相对的稳定性，并打上时代的烙印。而且不同的社会制度、传统习俗都对劳动力转移的路径和过程细节产生影响。这种特定环境下劳动力转移的特点构成了我们研究的立脚点，我们需要了解劳动力稳态特征背后的原因、特征变化的原因，以及对这些原因在社会经济发展的大视角下进行实证和规范分析，进行科学的评价，发现优点、规避缺陷，寻求促进劳动力顺利转移的对策和措施。这是一件在理论和实践上都有意义的事情。

在上述立脚点上，我们可以形成关于劳动力转移“新”的概念。

（1）劳动力转移前后不同时点上的特征不同是“新”。劳动力现状不是凭空而来的，它是历史上劳动力在特定路径依赖的情况下继承来的。正如历史不能随意隔断而存在顺延性。前次劳动力转移后形成的态势，将构成本次劳动力转移的初始状态。劳动力将在这个初始状态之下，在新的条件约束中开始下个周期的运

---

① http：//zhidao. baidu. com/question/307715357329680204. html.

行，其运行的结果将构成更下一次劳动力转移的初始状态，并重新开始新的运行，以递归的形式运行，直至无穷。劳动力的转移过程就不断地在这个螺旋式上升的过程中，走上“肯定—否定—否定之否定”的发展之路。因此，对于不同发展阶段，对其中的劳动力的状况进行研究，并通过比较不同阶段劳动力的特征，可以发现劳动力转移的不同点，这种不同点，由于时间上的前后关系，表现出来的特点就是“新”的含义。因为它们运行的约束条件不同，经济发展阶段不一样，社会环境不相同，在前后迥异的约束条件之下的劳动力转移的特征就各不相同，这些不同之处就是“新”。

（2）劳动力转移新阶段所面临的约束和任务是“新”。中华人民共和国成立70多年来，中国的劳动力状况发生了翻天覆地的变化，这种变化与过去的劳动力转移状态相比就是“新”。

在这70多年中，在中国社会、经济、政治制度之下，在总体劳动力转移一直在进行的前提下，中国劳动力转移的细节受社会、经济、环境约束与别的国家也会有显著的不同，这种不同之处也是“新”。而且，站在当今的时点上，展望未来，中国的劳动力转移将面临新的形势和任务，这种新形势和新任务也是“新”。同时，基于现今市场经济环境，较之于以往计划经济环境下的中国劳动力转移，中国政府可以采取的政策工具、手段、目标与方法也存在诸多的差异，这种差异就是“新”。我们面临的是一个全新的环境，国际政治经济的格局在不断分化和发展；国内新的、积极的、进步经济因素在不断萌芽和发展，这些都是新的。

但是，试图对人类历史上所有国家和所有历史时期的劳动力状况进行比较，从而阐述劳动力转移的“新”模式，这是本研究力所不逮的事情。本研究将主要立足于中华人民共和国成立以来，在基于和继承过去历史和现状的基础上，面对中国自身的人口、资源和环境约束，研究中国劳动力转移在新形势下的发展变化，以及如何应对这些变化，实现劳动力的顺利转移，实现整个中国的国家现代化。

狄更斯面对19世纪英国社会经济的变革，在他的著作《双城记》中写道：“这是最好的时代，这是最坏的时代；这是智慧的时代，这是愚蠢的时代。”19世纪英国机器工业及其发展带给人迷茫，而我们中国人今天不也是面临着这么个时代吗？今天在中华大地上所发生的一切都是中国历史上从未出现的，都是新鲜事物，是我们需要用勇气和毅力去面对，并需要用智慧去解决的。这是一个波澜壮阔的全新的时代，这就是“新”。

所以，本研究中劳动力转移新模式的含义为：基于中国的政治、经济、文化和社会环境，对当前中国农业剩余劳动力转移的新形势、新任务和解决问题的新方法进行研究，为实现中国农业剩余劳动力转移提供一定的政策参考，服务于中国社会经济文化现代化的目标。一言概之，中国农业剩余劳动力转移的新模式在于“新环境”“新问题”“新目标”和“新方法”（见图 1-1）。

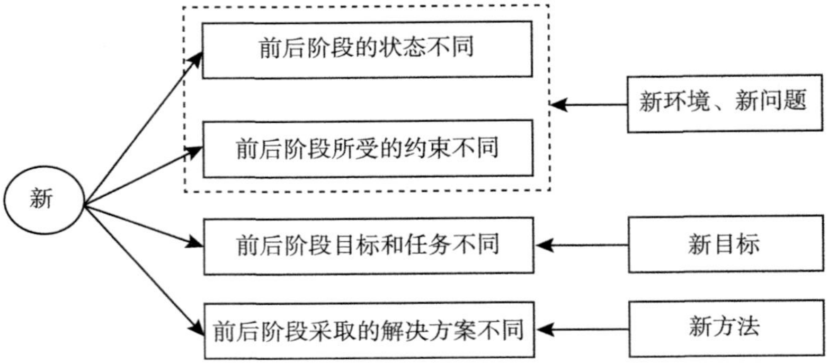

图 1-1　劳动力转移“新”模式概念示意图

（二）农村剩余劳动力与农业剩余劳动力

在文献中，农村剩余劳动力和农业剩余劳动力是频繁出现的两个名词。显而易见，农村剩余劳动力是相对于城镇从地域上讲的一个概念，它既包括农村领域农业上过剩的劳动人口，也包括在农村领域非农领域的过剩劳动人口，是农村地区所有产业过剩人口的总和。而农业剩余劳动力是从产业的角度来看待劳动力的剩余问题，它仅仅是农业领域中扣除农业必要劳动人口之后的剩余部分，所谓农业领域必要劳动人口指农业领域维持农业生产活动全部劳动所必需的劳动人口，它是仅仅针对农业领域的一个概念。

它们之间的关系可以用下面的公式简单表示：

$$农村剩余劳动力 = \sum（农村地区各个产业过剩劳动力）$$

= 农村农业剩余劳动力 + 农村非农业剩余劳动力

农业剩余劳动力 = 农业总劳动人口 - 农业必要劳动人口

由于研究角度和出发点不相同，因此农村剩余劳动力和农业剩余劳动力是两个不同的概念。由于农村的劳动力大部分从事农业生产活动，导致不少研究将农业和农村等同，进而把农村剩余劳动力和农业剩余劳动力等同起来，不加区别地使用。本研究认为这种不加区别的使用是错误的，本研究的核心在于研究剩余劳动力的转移问题，对于是农村剩余劳动力还是农业剩余劳动力的转移概念的澄清就有必要了。

农村剩余劳动力和农业剩余劳动力的差别表现在：

第一，它们的内涵和外延不同。从内涵看，农村剩余劳动力是从地域上来阐述劳动力的剩余，农业剩余劳动力是从产业的角度来阐述劳动力的剩余。从外延看，由于农业剩余劳动力是在农村地域发生，所以农业剩余劳动力是农村剩余劳动力的一个子集。农村剩余劳动力除了包含农业剩余劳动力外，还包含农村地区非农领域的剩余劳动力。

第二，它们的状态不同。在农业领域稳定的生产技术水平下，农业剩余劳动力是一种绝对过剩人口，按照发展经济学家刘易斯（A. W. Lewis）的观点，是指农业领域劳动力的边际生产率为零时，农业领域无法吸纳的过剩人口。虽然后来发展经济学家费景汉（John C. H. Fei）和拉尼斯（Gustav Ranis）把剩余劳动力修正为边际生产率小于生存工资时的劳动力，但是中国国内通常还是采用刘易斯对剩余劳动力的定义。当农业领域的劳动边际生产率为零时，农业领域就无法再吸纳就业了，这时，多余的劳动人口只有转移到非农领域，否则就会造成劳动力资源的浪费，产生不经济现象。而农村剩余劳动力是一种相对过剩人口，这种相对过剩人口主要是由于农村剩余劳动力中非农产业剩余人口是相对过剩人口，农村地区非农领域的相对过剩人口表现为农村领域第二、第三产业的失业人口，失业人口是相对的，它受商业周期、工资水平、技术水平、劳动力自身素质，甚至气候变化等多种因素影响，表现为结构性失业、摩擦性失业、自愿性失业、周期性失业等。

假定：

（1）农业领域的生产技术水平稳定。这将保证农业领域劳动生产率的固定，不存在劳动生产率变动导致过剩人口出现变化。事实上，随着技术的不断进步，农业领域的生产技术在不断变化，例如，在现今的中国，农业机械化的趋势已经越来越明显了。虽然如此，为了研究的简化，我们将假设农业领域生产技术水平稳定是非常有必要的。

（2）农村地区农业剩余劳动力用 a 来表示，由于农业剩余劳动力是一种绝对过剩人口，因此，a 将是一个固定常数。

（3）农村地区非农剩余劳动力用 x 表示，由于非农剩余劳动力是一种相对过剩，因此，x 是一个变量。

（4）用 f 表示农村剩余劳动人口，由于农村剩余劳动人口＝农村地区农业剩余劳动力+农村地区非农剩余劳动力，因此，有如下公式，$f=a+x$。一个常量加上一个变量的结果是，f 是一个变量，也就是说农村剩余劳动力也是一种相对过剩人口。

由于存在上述差异性，本研究是采用农村剩余劳动力作为研究对象，还是以农业剩余劳动力为研究对象呢？哪个对象适合作为本研究的基础呢？我们认为本研究的基础在于研究农业剩余劳动力的转移问题。

这样规定的原因在于：

第一，劳动力的剩余问题本质上是一个产业问题，只有针对产业才能更好地认识到劳动力的剩余。劳动力发生转移的主要原因是多方面的，从经济学的角度，劳动者追求其边际收益最大化、边际成本最小化是其主要目标。而劳动力边际收益最大化的目标放在地域上是没有办法进行评价的，我们不能说，农村领域的就业人口的边际收益就一定比城镇领域就业的边际收益小，在农业领域的特定产业中，可以获得比城镇领域就业人口更大的边际收益。农村领域就业而获得较好报酬的例子有很多，这不能成为城镇领域人口必须向农村转移的理由和条件；相反，我们也不能说，农村领域就业人口的边际收益就一定比城镇领域就业人口的边际收益大，在城镇就业人口的收益比农村领域就业人口的收益大的现象也是比比皆是，因此，以农村剩余劳动力为研究对象，对于劳动力发生转移的动因在经济学上是无法判断的，它不符合劳动力追求边际收入最大化、边际成本最小化法则，在农村剩余劳动力的概念上，无法解释劳动力转移的动因。所以，尽管农村剩余劳动力和农业剩余劳动力之间存在概念范围交叉的情况，但是以农村剩余劳动力为研究对象是不可取的。

第二，采用农村剩余劳动力的概念的时候，各种因素都渗透进剩余劳动力的研究中来了，例如，农村领域中也存在非农产业，非农产业中是否存在剩余劳动力的问题是必须进行厘清的，这样，对农村剩余劳动力的研究不仅要研究农业领域的剩余劳动力情况，也需要研究非农产业的剩余劳动力状况，即要研究非农领域的失业问题。由于农业领域的剩余劳动力转移和非农领域的就业属于两个不同的概念范畴，遵守不同的规律和原理，在研究中，把它们放在同一个研究框架中进行分析和讨论是很困难的。退一步讲，即使可以对这两个问题进行研究，也把剩余劳动力研究变得复杂了，而且也脱离和模糊了农业剩余劳动力研究的焦点。科学研究的一个重要特点是，需要把复杂的问题简单化和逻辑化，采用农村剩余劳动力的概念不能达到这个目标。

第三，采取农村剩余劳动力加大了经济学中工具分析的难度。作为经济学的基本工具，成本-效益分析是最基本的分析工具，边际分析是主要手段。采取农村剩余劳动力的概念，农村剩余劳动力是相对于城镇而言的，我们无法评价农村劳动力究竟在成本和收益的比较下，为何要向城镇转移，因为如果农村劳动力的收益一定比城镇的收益低的话，那么为何在一个发达国家中，不存在农村劳动力转移的问题，站在农村劳动力的收益比城镇劳动力收益低的角度上是说不过去的。即使在中国内部，这种假设同样说不过去，因为在农村领域内，收入超过城镇人口收入的人的比例也是比较高的，那是不是城镇人口反而要向农村流动？所以，采取农村剩余劳动力转移这个概念在地域分析中有其可行性，但是它不能作为经济学分析的起点，不能以农村剩余劳动力作为本研究的对象。

第四，农村剩余劳动力和农业剩余劳动力最后的归宿是不同的。前面论证过，农村剩余劳动力是一种相对过剩人口，而农业剩余劳动力是一种绝对过剩人口。这种绝对过剩人口将随着国家工业化和城镇化的进行、国家现代化的完成、二元经济一元化的完成、城乡经济一体化的完成，最终转移到工业领域，农业剩余人口转移到工业领域成为现代产业工人、农民变成市民。农村剩余劳动力中的农业剩余劳动力可以转移到农村地区的非农产业领域和城镇地区的非农产业领域中去，当农村剩余劳动力中的农业剩余劳动力转移完成后，农村地区的非农产业剩余劳动力表现为一种相对过剩人口，在现实表现上就是农村地区非农领域的失业。这种相对剩余劳动力，按照马克思的观点，是无法消除的。在社会资本有机构成不断提高的情况下，它是产业后备军。马克思这样描述资本有机构成提高造成劳动力剩余的问题："一方面在积累进程中形成的追加资本，同它自己的量比较起来，会越来越少地吸引工人；另一方面周期性地按新的构成再生产出来的旧资本越来越排斥它以前所雇佣的工人。"① 因此，相对过剩人口的产生是不可避免的。马克思相对过剩人口规律是市场经济的基本规律，适用于所有实施市场经济的社会，规律是客观的，是不依赖任何人的意识而存在的，中国实施的是社会主义市场经济，既然是市场经济，就必然受到马克思相对过剩人口规律的约束，因此，作为最终的归宿，在市场经济的条件没有彻底变化前，农村剩余劳动力问题可以缓解而不可能得到最终解决。农业剩余劳动人口将随着高度工业化和城镇化的完成而最终完成，被现代工业部门所吸纳。

正是在上述原因的基础上，本研究的研究对象是农业剩余劳动力的转移。

（三）劳动力转移和人口流动

什么是农业劳动力转移？农业劳动力转移指农业劳动力在非农领域就业的一种现象。转移是与就业相联系的，它的核心在于职业的转换，居住地不变而职业发生改变的属于劳动力的就地转移，居住地发生改变而职业也发生改变的属于异地转移。一个在湖北省郧西县的农民到广东去寻找工作，如果找到了工作，则劳动力发生了转移。如果没有找到工作，只能说是劳动力发生了流动。

在文献中，对劳动力在空间地理位置上的位移就是用"人口流动"这个概念来表达的。劳动力转移强调的是劳动力人口流动的结果，而不是形式，而"人口流动"反映的是劳动力在空间上位移的形式。国家统计局对劳动力转移的统计规定为：凡是一年之内从事非农业劳动累计时间达到6个月以上的农村劳动力就被规定为实现转移的劳动力；而在一年之内只从事农业劳动或从事非农业劳动累计时间不足6个月的农村劳动力规定为农村未转移劳动力。在20世纪90年代以前，不少文献中用人口流动这个概念来描述农业劳动人口的非农化问题。因此，对劳动力转移和人口流动两个概念进行辨析是有必要的。

劳动力转移和人口流动是两个有关联但是有差别的概念。

---

① 资本论（第1卷）. 人民出版社，1975：689.

人口流动是一个地域变动概念，“人口流动是指人们在特定时间里在生产或生活的空间上发生了位移的一种社会现象”,① “一是包括广义的流动人口，改变了常住地的迁移人口和并不改变常住地（户籍登记地）的流动人口；二是狭义的流动人口，仅指不改变常住地（户籍登记地）的流动人口，即我们通常所言的人户分离者”。② 所以，流动人口判断准则的核心是户籍，取得了户籍就不是流动人口，没有取得户籍就是流动人口。农业劳动人口在本地就业，由于户口没有发生改变，不属于流动人口。只有在外地，不管是否获得就业状态，都属于流动人口。

而劳动力转移是一个与就业相联系的概念。农业劳动力不管是在本地还是在外地，也不管是否拥有当地的户籍，只要在当地非农产业中就业了，就是实现了劳动力的转移。它反映的是人口流动的结果。

在研究中，我们认为采取“劳动力转移”概念比“人口流动”更加能够说明农业劳动力向非农领域转移这种现象。原因在于：

第一，人口流动是与户口相联系的一个概念，当今世界上，除了中国等少数国家实行严格的户籍制度，其他的国家对人口的迁移是不加任何限制的，采用的是一种人口登记制度，没有附加任何与个人福利有关的制度安排，人口流动已经简单化为人们在空间地理上位移这么一种现象了。以人口流动来描述农业劳动力向非农领域转移这类问题，只抓住了农业劳动力非农化的形式，而没有涉及农业劳动力非农化的实质，人口流动不是目的，也不意味着农业劳动力非农化成功了，农业劳动力非农化的目标是就业，而人口流动这个概念并不能说明农业劳动力的就业问题，只有农业劳动人口实现了就业，农业劳动力的人力资本才能够发挥作用，没有发生耗损，农业劳动力的非农化任务才算是完成了。而且中国社会经济改革的最终目标肯定是取消户籍制度，到那时，人口流动的概念不仅仅包括居民从城市往乡村流动，也包括居民从乡村往城市流动，人口流动无法反映劳动力职业变化的现实。

第二，人口流动只是劳动力跨区域的位移，而农业劳动力在本区域内非农产业就业不属于人口流动的范围。正因为这样，关于农业劳动人口就地转移的情况

---

① 钟水映．人口流动与社会经济发展研究，1998：1.

② 钟水映．人口流动与社会经济发展研究，1998：1.

不属于人口流动的研究范畴。以人口流动这个概念来研究农业劳动力在非农领域的就业问题，就会产生样本丢失的问题。而无论是农业劳动力的就地转移还是农业劳动力的异地转移，都是减轻农业剩余劳动力的途径，是关于国家现代化的一件大的事情。以流动人口为概念来研究农业劳动人口的非农化问题就会丢失农业劳动力就地转移这类样本，而对农业劳动力就地转移的问题避而不谈是不对的。

所以，本研究着重关注的是农业劳动力的转移而不是关注劳动力的人口流动，重视人口流动的结果，即农业劳动力在非农化的过程中获得就业，而不是仅仅关心劳动力流动形式本身。流动人口和劳动力转移人口之间的关系可以用图1-2表示。

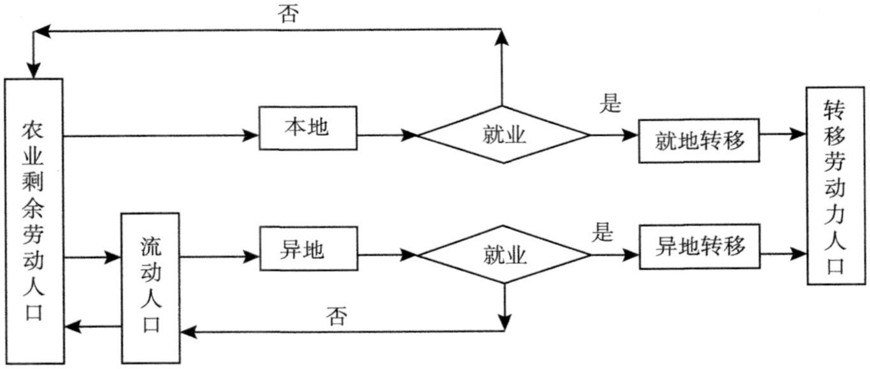

图 1-2 转移劳动力人口和流动人口关系示意图

（四）劳动力转移新形势起点的判断

劳动力转移新形势的判断必须有一个时间上的参照点，没有参照点就没有新旧之说。究竟从什么时候，或者以什么标志性事件作为劳动力转移新旧的起点是非常重要的，这是研究的坐标和起点。这个坐标该如何确立呢？

中国劳动力转移如果从 1978 年改革开放算起，到今天已经经历了 40 多年的时间了。目前，劳动力转移的态势是在原有趋势上的继续，还是已经脱离了原有的趋势，进入了新的趋势，受新的条件和环境约束？如果劳动力转移的态势还是在原有趋势下，那么对劳动力转移新模式的研究就没有任何意义；反之，如果劳动力转移的态势脱离了原有的趋势，在新的趋势中运行的话，那么劳动力转移态势的嬗变点在时间上应该如何确定？以什么标志性事件作为劳动力转移新旧态势的分割点才是合理和科学的呢？

本研究认为，经过改革开放40多年后，中国的劳动力转移已经脱离了原有的简单的离土不离乡和离土又离乡的模式，转入了剩余农业劳动力全面向城市生活融合的新模式中。这种新模式的趋势将会随时间的推移得到强化和深化。劳动力转移在经历了改革开放40多年的沉淀和不断的量变过程之后，已经开始质变了。质变的标志性事件就是美国“次贷危机”（subprime crisis）。

美国次贷危机爆发的时间点，可以作为劳动力转移新旧态势在时间上的分割点，这个分割点就是2008年，这个标志性时间是劳动力转移研究“新”的起点。2008年之前，属于“旧”的劳动力转移模式，而2008年之后，已经进入了“新”的劳动力转移模式，目前这个新的劳动力转移模式正在强化，我们都处在新的时代之中。

这种划分的依据在于：

第一，美国次贷危机时间点刚好耦合了中国国内劳动力转移态势的质变点。

从改革开放的1978年开始，到2008年，中国的劳动力先后经历了“离土不离乡”的候鸟式就近转移和“离土又离乡”的远距离转移两个过程。从1978年到1990年的劳动力转移属于“离土不离乡”的候鸟式就近转移阶段，这个阶段的农业剩余劳动力都转移到中国的乡镇企业中去了。然而随着20世纪90年代以来中国外向型经济的发展，以及国内国有经济体制改革的实施，产权不清、债权不明确的乡镇企业经营模式在适应市场经济生产上遇到了很多的障碍，很多乡镇企业因为经营不善而纷纷倒闭，吸纳农业剩余劳动力的能力下降，与此同时，中国沿海的加工业开始蓬勃兴起，需要大量的劳动力。一方面是对劳动力的需求，另一方面是有农业剩余劳动力可以供给，于是，1990年前后中国开始爆发“民工潮”，成千上万的农业剩余劳动力离开故土到沿海企业中从事非农产业活动。因为每年中国农历新年之后农业剩余劳动力在火车站、汽车站换乘车辆到打工目的地，大量人口的集聚形成了所谓的“民工潮”。农业剩余劳动力在离开故土后找到了自己发挥能力和才能的地方和平台。

如果从1990年开始算起，到2008年，这种远距离劳动力转移的阶段经历了

18 年。18 年中，这些远离故土的农业剩余劳动力由最初的只想到工作地找到一份工作到现在已经开始逐步向当地社会融入。这个就是农村剩余劳动力转移的质变过程。而 2008 年，美国次贷危机的影响及中国随后的一系列应对措施，都加速了农业剩余劳动力转移的质变进程。而且次贷危机引发了中国国内产业结构的调整，中国传统的依靠制造业并积极进行对外贸易的经济发展模式开始进行转变，产业结构在进行调整，中国的经济发展要从依靠制造业转变为依靠国内消费拉动经济的路径上来，制造业本身也面临着适应消费升级而引发的制造业高级化的过程。这些都标志着劳动力转移的新模式阶段开始启动。

表面上看，国外发生的事件与国内劳动力转移无关，在深层次上，2008 年发生在美国的“次贷危机”就像一只小小蝴蝶，在纽约轻轻扇动翅膀，随后引发世界各国社会和经济的重大变化。可以这样讲，美国“次贷危机”所引发的一系列事件刚好耦合了中国国内劳动力转移质变的临界点，它推动了中国劳动力转移的态势加速走向新趋势。在时间上，美国“次贷危机”发生的时间与国内劳动力转移的质变时间点相吻合，从而成为国内劳动力转移新旧的标志性事件，劳动力转移开始受到新的规律的约束，面临新的问题，并且必须寻求新问题的解决方案。因此，以美国“次贷危机”作为中国劳动力转移的新起点，以此作为标志性事件，把 2008 年这个时间点作为中国劳动力转移时间新旧的分割点，作为中国劳动力转移新起点的年份是合理的。

第二，美国“次贷危机”所产生的影响是深远的，是影响中国劳动力转移的一个历史性事件，加速了中国经济的转型和劳动力转移的进程。

美国“次贷危机”是发生在美国本土的，是因为房屋次级债务偿付违约导致大量金融机构破产的一场经济危机。次级债务支付危机不仅仅影响了美国，还波及其他国家。

美国“次贷危机”的基本历程大致如下①：2008 年 4 月 2 日，美国第二大次级抵押贷款公司——新世纪金融（New Century Financial Corp）因为次级债务而背负大量债务，宣布申请破产保护、裁减 54%的员工。2008 年 8 月 2 日，德国工业银行因为旗下的“莱茵兰基金”（Rhineland Funding）参与了美国的次级债务而出现了 82 亿欧元的亏损，德国央行召集全国银行同业商讨拯救德国工业银行

① https：//baike. baidu. com/item/次贷危机/6585871？ fr=aladdin.

的一揽子计划。2008年8月6日，美国第十大抵押贷款机构——美国住房抵押贷款投资公司向法院申请破产保护。2008年8月8日，美国第五大投行贝尔斯登因为次贷风暴，宣布旗下两只基金倒闭。2008年8月9日，法国第一大银行巴黎银行因为投资了美国次贷债券而蒙受巨大损失。2008年8月13日，日本第二大银行瑞穗银行的母公司瑞穗集团宣布与美国次贷相关损失为6亿日元。美国的通用公司、雷曼公司等国际巨头都在此次危机中破产。在中国香港地区，大量的普通香港人因为购买雷曼公司发行的以次级债务为标的的迷你基金损失惨重，自发性上街游行，要求发行迷你基金的雷曼公司补偿其损失。IMF在评估这次危机时说，全球因为次贷问题造成的亏损达到了1万亿美元。

"次贷危机"是一件具有全球意义的大事情，它对世界各国的影响和意义都是及其深远的，到今天为止，"次贷危机"的影响依然存在。为了解决美国的"次贷危机"问题，美国政府在随后的经济政策中，实施了三次大规模的量化货币宽松政策①。2009年3月18日，美联储宣布最高再购买7500亿美元的机构抵押贷款支持证券和1000亿美元的机构债来扩张联储的资产负债表。2009年11月4日，美联储再次决定购买总计1.25万亿美元的机构抵押贷款支持证券和价值约1750亿美元的机构债。2010年11月3日宣布在2011年年中前购买总额为6000亿美元的长期国债。2012年，美联储决定每月购买400亿美元抵押贷款支持证券，2012年的购买决定一直到2014年10月30日才结束，持续了2年多的时间。美联储的上述决定向市场注入了大量的美元流动性。由于美元是全球交易货币，美联储大量的货币发行导致全世界都受到美元外溢效应的影响。各个国家都因为美元的外溢效应间接受到"次贷危机"的影响，直接表现就是很多国家特别是新兴经济体国家都因为美元的外溢效应导致国内资产价格的膨胀，产生了严重的通货膨胀问题，进而影响了这些国家的经济稳定和经济安全。为了克服这些"次贷"的影响，欧洲国家和日本都先后实行了量化宽松的货币政策，以对冲"次贷"的负面作用，这些措施对国际资本的流向和流动速度都产生了影响，这种影响不仅仅改变了许多机构的命运，许多普通人的生活也受到影响，许多机构和个人都出现了划时代的变化。

第三，"次贷危机"之后关于发展模式的讨论和实践，形成了不同国家劳动

---

① www. doczj. com/doc/067e4d47b4daa58da0114aco. html.

力转移和流动的新的外部环境和约束变量，进而影响着国内劳动力转移的规模、范围和状态。

次贷危机引发了在全球范围内经济发展模式的讨论，世界各国都把实体经济重新确立为经济发展的重要构成部分，增加和保护就业引发了全球范围的竞争。“次贷危机”本质上是因为发达国家的金融创新，在创新中发达国家使用大杠杆的金融工具导致发达国家中的金融系统风险被无限放大，在最终方违约的前提之下，把工具参与链条的各相关方全部拉入违约的境遇中，最终系统性影响金融体系。“次贷危机”表明，单纯依赖虚体经济来实现经济的发展是不现实的。经济中各个产业必须保持一定的比例关系才可以协调发展。

在“次贷危机”之后，时任美国总统奥巴马提出了美国重新工业化的战略目标，并且在外交、内政等各个方面都推行这种战略，引发了全球范围内产业的重新洗牌、定位和布局。奥巴马把依靠重新工业化来实现就业作为自己施政的核心，这给中国依靠工业化来实现劳动力转移和就业带来了一系列的竞争。而且，在欧盟和其他很多国家政府都把保护本国的就业作为首要的施政纲领，开始实施贸易保护主义政策。

特朗普 2017 年上台执政之后，更是把美国优先放在首要的位置上，通过减税打压其他国家的制造业，例如借口丰田汽车、宝马汽车的质量问题，限制日本车辆和德国车辆在美国的销售，从而保护本国制造业，此外，对于中国，甚至借口中兴公司违反了针对伊朗的贸易禁令，对中兴公司进行彻底的芯片禁售，使得中兴公司的生产和经营活动处于休克状态。并且凭借虚空构造出来的中国华为公司的产品不安全，而动用国家力量对一家中国的民营公司实施压制。其次，在贸易领域，美国对于欧盟、日本、韩国的铝铁关税政策，以及针对中国实施中国输入美国产品征收关税的政策都使得当前国际环境和形势发生了根本性的变化，而这个变化其实就是来源于 2008 年的美国“次贷危机”。

为了解决“次贷危机”的问题，美国政府先后实施了一系列的量化宽松政策，这种政策被经济学家称为“坐上直升飞机撒钱”，这种政策对于稀释美国国内的债务，维持美国金融市场的稳定性发挥了重要作用，但是它的负面后果也是显而易见的，就是量化宽松出大量美元之后，美元利率接近于 0，相对而言，发展中国家的利率水平在年利率 2%甚至更高，这种利差引发了大量美元进入很多新兴经济体，造成了新兴经济体的资产价格的大幅度上行，引发了新兴经济体国家比较严重的通货膨胀。这属于为了解决“次贷危机”实行的政策的外溢效应。这种外溢效应让新兴经济体饱受通货膨胀的困扰，带来了发展中国家经济结构调整的困难，以及经济结构内部发展的不均衡问题，对发展中国家内部的劳动力流动的方向和转移进程都带来了显著影响。

所以说，中国过去宽松地依赖于外贸出口来推动劳动力转移就业模式的环境，随着2008年“次贷危机”的发生已经出现了严重的挑战。国际贸易保护主义抬头，针对中国的贸易调查和贸易保护主义越来越多，对中国制造业造成很大的冲击，对中国扩大外贸的目标造成很大的压力，包括针对中国的外汇汇率的指责、中国的轮胎特保案等。因为中国外贸顺差，以美国为首的发达国家指责人民币汇率过低，要求人民币升值的呼声一直存在，并且美国几乎每年都把人民币汇率作为一个议题对中国施加压力，要求人民币汇率进行大规模的升值。2008年之后的众多针对中国的“贸易倾销”案，使得中国的出口企业举步维艰，对应地，造成吸纳中国剩余劳动力的外贸行业进入了“严冬”。中国的剩余劳动力转移面临着新的约束和制约，进入了新的阶段，需要找到新的解决问题的出路。

综上所述，“次贷危机”作为标志性事件耦合了中国劳动力转移面临的新的境况，以此作为起点来对中国劳动力1978—2008年的转移经历进行总结，并对2008年之后中国的劳动力转移进行展望是合理的。

本研究也将采取2008年作为劳动力转移新旧状态的时间界限，以此时间界限来对2008年之前的转移状态进行总结，对2008年之后的劳动力面临环境、困难和处境进行分析，并提出在新形势下解决问题的对策和措施。也就是说，本书中关于新旧的含义是以2008年为界限的。从时间上讲，所谓旧的劳动力转移过程是指1978—2008年，而新的劳动力转移过程是指2008年至今的劳动力转移过程。

二、国内外相关的研究

（一）国内外研究概论

虽然劳动力转移现象贯穿于人类社会发展各个时期，但是纳入近现代研究视野的劳动力转移现象主要是指农业剩余劳动力向工业和第三产业或者新兴产业转移的现象。从17世纪威廉·配第发现劳动力在产业间转移的趋势以来，在近300年的历史中，经济学家、社会学家和人类学家从各个角度对劳动力转移问题进行了研究。

目前对于农业劳动力转移的研究已经很多了，研究的基础既有发展经济学，也有人口迁移理论，还包括劳动供给理论；有些研究是纯粹的理论研究，有些做实证分析。从劳动力转移研究的历史来看，研究所遵循的路径大致为：劳动力转移意义的研究→转移劳动力的特征和规模的研究→影响劳动力转移的因素（推力-拉力）研究→转移劳动力对迁出（入）地的影响研究→转移劳动力的全面发展研究（进城务工人员的市民化研究）。

从研究内容来看，这些研究主要包括如下方面：

1. 劳动力转移的意义研究

关于劳动力转移意义的研究大多见于劳动力转移研究的早期，这些研究敏感地觉察到劳动力在各个产业之间移动的事实，关注着正在发生的劳动力转移这一新鲜事物，并意识到其对于社会和经济发展的作用、贡献和意义。在此基础上，探讨和提出了劳动力转移研究过程中的一些基本的范畴和概念，为后续的劳动力转移研究提供了一个基本平台和框架。

1949年直至改革开放前夕（1978年），由于实施严格的计划经济，中国对农业劳动力转移进行的是计划转移，农业剩余劳动人口转移到工业领域是通过指标招工、招干、征兵、升学、投亲靠友等形式完成。因此，当时理论界对于西方基于市场经济制度下的农业剩余劳动力转移理论进行严格的批判，并在理论研究中进行绝对否定，认为与社会主义制度格格不入，属于资本主义腐朽的意识形态，画地为牢地把市场经济条件下具有共性的劳动力转移研究设置成了禁区。此间，在中国，理论界对农村剩余劳动力转移问题鲜有研究，甚至不认为在当时中国有劳动力剩余问题。

这种方式使得中国当时的剩余劳动人口转移研究成了空白。直到20世纪70年代末期，中国在进行了关于“什么是真理标准”的讨论后，在研究领域的禁区开始放开，研究人员的思想禁锢得以放开，改革开放政策和家庭联产承包责任制度实施，农村剩余劳动力问题开始逐渐显性化，受到足够重视和关注，有关劳动力转移意义的研究大多也出现于这期间。例如，陈吉元把农业剩余劳动力转移的意义归结为提高单位劳动力负担的耕地面积、提高劳动生产率，以及提高农业产品的商品化程度和产品竞争能力等。李佐军在农业、农村和国家现代化的框架中，将农村剩余劳动力视为衡量国家整体现代化推进程度的指标和指示。①

回过头来看，这些早期的关于剩余劳动力转移意义的讨论，尽管用现在学者的眼光来看显得泛泛而谈、肤浅，但是它开创了中国农业剩余劳动力转移研究的先河，并为后续深刻研究剩余劳动力转移提供了学术氛围，为人们认识到农业剩余劳动力转移的重要性起到了警示作用。在实践领域中，客观上促进了国内一系列有利于劳动力转移的政策的制定和实施。例如②，1984 年 3 月，国务院发布了 4 号文件，将过去的社队企业改名为乡镇企业，并把联办企业、户办企业都包括进去，突破原来“三就地”（就地取材、加工和销售）的限制，在政策、资金、舆论和税收等方面给予大力支持，这些措施促进了乡镇企业的“异军突起”。乡镇企业的崛起直接吸引了大量农业剩余劳动力离土不离乡的就地转移，较好地解决了当时的剩余劳动人口问题。

进入 20 世纪 90 年代之后，随着人们对劳动力转移认识的深化，研究者对农业剩余劳动力的研究更加细化、具体化、问题化和实证化，因此，当前一般意义上的农业剩余劳动力意义的研究已经被淡化了，从某种意义上讲，它是中国剩余劳动力研究的发起者和起点。

2. 发展中国家劳动力转移一般规律（模型）的研究

当前，发达工业化国家已经走过了农业剩余劳动力转移的阶段，农业剩余劳动力的转移问题已经不是发达工业化国家的主要矛盾。发达工业化国家在农业领域已经实现了农业的机械化耕作和农业生产的规模化生产经营，农业领域的生产率已经很高而达到饱和状态，农业领域可以和应该转移出去的人口已经转移到其他产业中去了，它们已经不存在农业剩余劳动力的转移问题了。发达国家农业剩余劳动力转移阶段已经过去了。同时，在发达国家中，当前的农业劳动力在社会

① 王萍．中国农村剩余劳动力乡城转移问题研究．东北财经大学出版社，2008：32-33.

② https：//www. sohu. com/a/274682951_162281.

总劳动力中的比重很小，一般在10%以下，有的国家不到3%①。相比之下，在发展中国家中，农业在国民经济中比重很大，农业从业人口在总就业结构中的比重也很大。发展中国家面临着经济发展和工业化的任务，农业剩余劳动力的转移正显得方兴未艾。

因此，现今的有关农业剩余劳动力转移的研究，主要都是发展中国家农业剩余劳动力的研究，农业剩余劳动力的研究在发展经济学中占据重要的地位，并成为发展经济学研究的一个热点。一些发展经济学家，从不同的角度对农村剩余劳动力的转移问题构建出了理论模型。总结起来，这些理论模型大致分为三种类型，即结构主义模型、新古典主义模型和行为主义模型。

（1）结构主义模型。

所谓结构主义者的主要观点是：由于发展中国家经济结构上的刚性、滞后、短缺、过剩和低供求弹性等特点，以市场价格机制运行为理论核心的传统古典经济学并不适用于发展中国家，人们作为生产者或消费者的经济行为均不合“经济人”的逻辑。因为，在这种条件下，不能指望市场价格机制能对经济过程进行自动调节，相反，需要借助于国家干预或政府计划，来进行经济结构和经济关系的重大调整。在此种思想的主导之下，结构主义者针对于发展中国家的剩余劳动力转移问题提出了若干模型。

最早的结构主义模型出现在20世纪50年代初期，由J. H. 伯克提出。它是一个“社会二元结构”的理论。② 伯克发现当时属于荷兰殖民地的印度尼西亚存在两种不同的社会制度。一种是从西欧宗主国引进的资本主义制度，另一种是原有的前资本主义制度。伯克的发现揭示了发展中国家的一个基本国情，即一个高效率的制度和一个低效率的制度在同一个国家并存。随后W. A. 刘易斯在此基础上提出了著名的“二元经济模型”——刘易斯模型。

根据刘易斯模型③，发展中国家的经济分为以工业为主的现代部门和以农业为主的传统部门。现代工业部门的特点是有大量的资本投入，边际劳动生产率较高，能够生产大量的经济剩余；传统农业部门的特点是土地稀缺性强化，资本的

① 丁艳平．发达国家农村富余劳动力转移的经验研究．世界农业，2014（10）：23-26.
② 辜胜阻，简新华．当代中国人口流动与城镇化．武汉大学出版社，1994：174.
③ https：//baike. baidu. com/item/刘易斯模型/9595263？fr=aladdin.

投入很少，人口增长迅速，劳动者的边际生产率较低，劳动者的收入水平只能维持自己和家庭的基本生存，并保持较长时间的低水平。

在这样一种结构中，由于现代部门就业的收入要大于传统部门，因此，劳动力被吸引到现代部门中去了。劳动力进入现代部门之后，扩大了现代部门的规模和产出水平，因此，能够进一步吸引传统部门到现代部门就业。这是一个良性的循环，直至所有传统部门的劳动力都被吸引到现代部门中去。这时，由于农业中已经没有剩余的劳动力可以吸引了，如果要继续吸引农业劳动力到现代部门就业，农业部门劳动者的工资水平就必须上升。农业劳动者的工资水平在上升后，可以继续吸引农业部门的劳动力进入现代工业部门就业，并促进现代工业部门的进一步扩张，最终，现代工业部门和传统农业部门之间在农业部门的劳动力的工资和工业部门的工资之间相等时，农业剩余劳动力全部转移到工业领域，整个社会实现城乡一体化。

从理论上看，这种逻辑是无懈可击的。但是刘易斯模型有几个假设，包括农业劳动力无限供给、资本与劳动比率不变、城市部门不存在失业等。这些假设减弱了模型的说服力，在现实中的情况很难符合上述假设。正是由于这些原因，后来费景汉和拉尼斯对刘易斯模型进行了修正，提出了另一个结构主义的农业剩余人口转移模型，费景汉-拉尼斯模型。

根据费景汉-拉尼斯模型，① 农业劳动力的转移分为三个阶段。第一阶段，农业劳动生产率为0，农业剩余劳动力向工业部门转移而不减少农业领域农业生产的总产量。第二阶段，农业的劳动边际生产率开始提高，比起工业领域的工资水平而言，还是较低。农业剩余劳动力继续往工业领域转移，由于农业的劳动边际生产率提高了，农业领域农业生产的总产量没有下降。第三阶段，农业部门的劳动力全部被转移出去，工业部门要继续吸引农业劳动力就必须支付较高的工资。农业劳动力转移到工业领域会影响农业部门的剩余和总产出水平，进而对工业和农业都产生影响。因此，对于农业剩余劳动力的转移必须保持农业部门和工业部门的平衡增长。费景汉-拉尼斯模型客观分析了农业部门对工业部门扩张的作用，对刘易斯模型中漠视农业的做法进行了修正，对农业在经济发展中的作用进行了肯定。但是它依然建立在一些假设基础上，例如，不变制度工资水平假

---

① https：//baike. baidu. com/item/拉尼斯-费模式/9928348？fr=aladdin.

设，不考虑城市失业等。

与此同时，乔根森（D. Jorgenson）提出了另一个结构主义的农业剩余劳动力转移模型①。在该模型中，乔根森依然认为发展中国家经济由传统农业部门和现代工业部门组成。其中农业部门的发展是工业部门甚至国民经济发展的基础。农业部门的产品首先被用来满足整个社会人口对农产品的需要，在农产品的供给能力能够满足全社会人口对农产品的需求之前，农业人口不存在剩余。只有当农产品的供给速度大于社会人口增长对粮食和其他农产品的基本需求之后，农业才能够为工业提供支持。这样，农业中的劳动力才可以向工业领域转移，当农产品的供给速度与农产品的需求之间的缺口越大（乔根森称之为农业剩余），那么工业部门发展就可以越快，农业劳动力向工业领域转移的速度也越快。

乔根森认为，农业剩余是农业劳动力向工业转移的充分必要条件，农业剩余是决定工业部门发展和经济增长的唯一变量，工业扩张和经济增长与资本存量无关。没有农业剩余，就不会有农业剩余人口。乔根森模型重视农业发展和技术进步，简单也很精美，但是乔根森模型中的农业生产函数忽视资本的作用与现实并不吻合，在现今发展中国家中，没有那个农业部门不使用资本。它的一个假设，例如，忽视城市失业、粮食需求弹性为0等，常常受到人们的诟病。

上面是主要结构主义模型的基本观点和结论，我们应该如何评价结构主义模型呢？

结构主义的农业剩余劳动力转移模型通过对社会进行结构的构建，分析各个结构部件本身特质、行为特点和相互作用的过程来探究结构变化的规律性。在促进人们认识社会结构失衡方面有很大的启发性，它促使人们认识到制度的强制性、约束性和劳动力转移的宏观经济动因和外在影响因素。也因为这个原因，有学者把刘易斯模型总结为“推力理论”②，费景汉-拉尼斯模型称之为“拉力理论”。

我们在承认结构主义模型的解释力的同时，也应该认识到，结构主义的研究方法忽略的作为当事人的决策能力和主观能动性，虽然在促进人们认识事情上有

① 陈家宽．农村劳动力转移理论比较分析．经济管理，2017（2）：63-64.

② 罗明忠．农村劳动力转移：决策、约束与突破．中国劳动社会保障出版社，2008：5.

重要帮助，但是当事人被作为一个“黑箱”而受工资水平信号的吸引而被动转移，其微观基础比较薄弱。而事实上，人是一个多维度的，人们的决策也不完全受工资水平信号的影响，各种社会情景，感情因素等都是推动转移决策的原因，而工资信号水平不过是劳动力转移决策的一个因素而已。

（2）新古典主义模型。

新古典主义的主要经济基本思想和观点是：经济的发展是以边际调节来实现的，均衡状态是稳定的，价格机制是一切调节的原动力，也是经济发展的重要机制。新古典主义十分强调市场对经济发展的作用，并认为经济发展完全可以通过市场这只“无形之手”，实现均衡发展。在剩余劳动力转移方面，新古典主义的方法克服了结构主义方法的缺陷，以经济行为个体为基本分析单位，建立个人效益最大化函数，以此来分析影响劳动者进行劳动力转移的各个因素（变量）对该函数的影响和决定程度，根据这种影响的价值判断来选择合适的政策。新古典主义的典型模型包括托达罗（Todaro）模型、哈里斯（Harris）模型和斯塔克（Stark）模型。

在托达罗模型中，托达罗认为①，劳动力的转移是一种经济现象，城乡收入差距（或者说预期收入差距）构成了劳动力迁移动机的主要方面。结构主义认为农民做出迁移觉得是根据工资水平，但是托罗达认为农民进行迁移决策是根据预期的城乡收入差距而不是根据实际城乡收入差距作出的。只要在城市就业的预期收入比农村就业的预期收入高，作出迁移决策就是合理的。因此，当城市工业部门扩张后，工业扩张所造成的结果是城乡预期收入的差距变得更大，结果进入城市就业的劳动人口更多，因此，依靠工业部门的扩张将使得日益严重的城市失业问题难以解决。拓展城市少量的就业机会就会带来大量的农业剩余劳动力供给，开创城市就业机会无助于解决农村的就业问题。要解决农村领域的就业问题，就必须重视农村和农业发展。

尽管托达罗模型在解释为什么大多数发展中国家农业劳动力不断迁入城市和城市失业并存的现象上很有说服力。但是它也存在一些弊端：

第一，农业剩余劳动力本身是农业领域所无法消化的，假如发展农业是依靠农业领域的技术进步等手段，则只能是对劳动更加排斥，造成更多的劳动力剩

---

① 周天勇．托达罗模型的缺陷及其相反的政策含义．经济研究，2001（3）：75-82.

余；假如发展农村是通过农村工业化来完成，农村分散的工业化普遍存在高成本和低效率问题，对资源和环境的破坏作用也很大。所以，通过扩大农业领域就业机会的做法在实践上很难行得通。

第二，该模型中隐含了一个假设，就是假设农业人口进入城市后，就永远居住在城市，即使找不到工作也不返回农村，这个假设没有考虑到一些发展中国家中农民拥有土地所有权或土地剩余索取权的情况。①

第三，托达罗将模型建立在城市失业的前提下，但是不少专家认为在发展中国家中城市的失业问题并没有托达罗描述的严重。许多的实证分析都证明，在城市领域创造就业的能力要远远大于在农村领域创造就业机会的能力。企图通过发展农村来吸纳农村剩余劳动力的做法与通过城市来吸纳剩余劳动力相比，显得效率低下。

托达罗提出其模型后，学者在模型中加入了其他一些变量，对托达罗模型进行一些修正。其中影响较大的是哈里斯，哈里斯建立了一个转移和失业的两部门模型②，通过这个模型来分析转移对农村收入、城市和农村产出、总社会福利的影响。哈里斯在一系列严格推导之下，得到其基本结论：城市的高工资会导致较高的城市失业率；城市就业机会的增加会导致更多的劳动力流入城市部门，农村收入水平的增加有助于减少农村劳动力向城市转移。

无论是托达罗模型还是哈里斯模型，都是建立在孤立的个人理性决策基础上的。在20世纪90年代，斯塔克（O. Stark）建立起了一个基于家庭决策基础上的劳动力转移模型，即斯塔克模型。在斯塔克模型中，劳动者作出迁移的决策在于家庭，家庭不仅谋求预期收入的最大化，还追求风险的最小化，家庭通过家庭内部劳动力分配的多样性来实现上述目标。在迁移初期，家庭成员为外迁者外迁提供道义、物资支援，来帮助迁移者抵御迁移过程中的不确定性；当迁移者在目的地稳定下来后，通过为家庭成员提供汇款来保持家庭抵御农业收成不稳定性的威胁。这种相互协作的结果是家庭的抵抗风险的能力增强了。家庭部分成员的迁出，可以分散农业收入不稳定的分享，迁出者向家乡汇款，对经济活动和收入分配有积极的影响。从这个角度上，斯塔克认为，建立完善的农村信

① 朱农．中国劳动力流动与“三农”问题．武汉大学出版社，2005：30-82.

② https：//baike. baidu. com/item/哈里斯-托达罗模型/4867109？fr=aladdin.

贷和保险市场来降低农业收入的风险和波动，比缩小工业和农业之间的收入差距更加有效。①

与斯塔克模型类似，日本的中岛（Nakajima）也提出了一个基于农户为劳动力转移模型——Nakajima's Farm Subjective Equilibrium（中岛千寻农户主体均衡论）。② 在中岛模型中，中岛把农户的时间分成三块：休闲、农业劳动和非农劳动。农户既是一个生产者，也是一个消费者，他必须在保持效用最大化的原则之下最优化地分配休闲、农业劳动和非农业劳动。这是一个简单的一般均衡。为了推导效用最大化函数的优化解，农户如何在农业劳动、非农业劳动和消费之间权衡呢？中岛假设：当农业劳动边际效用达到非农劳动效用的时候、农户会去从事非农劳动。尽管这个模型在解释农户中非农活动的决策方面有很大意义，但是这个模型也存在一些缺陷，包括：模型中的假设可能有些太强、因为很多情况下、农业活动不是最优先的。在80年代以后，WTO的农业谈判中削减农业补贴的理论依据就是以上的这个模型。这个模型最困难之处在于实证困难，主要的原因在于样本的选择性偏差和变量的内生性问题。

在中国，关于农业剩余劳动力转移决策的研究中，研究者也开始将劳动力转移决策的主体开始从农业劳动力个人转向其家庭。例如，杜鑫③以斯塔克模型为基本框架，以初始收入水平及其二次项、家庭农业经营面临的风险、人力资本、土地资源、生产性资本、社会资本、家庭人口特征和所在行政村特征等为主要变量，构建了一个Probit模型，分析影响中国农村住户参与劳动力转移的影响因素。其基本结论是，农户对转移就业的参与概率随着初始收入的提高而不断提高；较多的土地资源不利于农户参与转移就业；较多的农业固定资产不利于农户参与异地转移，而较多的非农业固定资产有利于其参与就地转移；家庭人口特征、社会资本等因素会对农户参与转移就业产生影响。

国内以家庭为主体来对劳动力转移决策的研究的主要缺陷在于，研究样本的抽样范围过小和样本容量不足使得样本数据的代表性被降低了，限制了研究结论

① 王秀之．二元结构下农村劳动力转移效应的理论与实证研究．经济科学出版社，2009：25.

② 罗芳，鲍宪礼．农户时间配置模型的理论发展回顾与述评．广东农业科学，2010（5）：8-11.

③ 杜鑫．中国农村住户参与转移就业的影响因素分析．经济研究，2010（3）：92.

的外部有效性。在某些情况下，利用不同的样本数据所做出的不同研究得出的结论不同，甚至相反，例如，有研究发现男性对各种形式劳动力流动的参与概率要高于女性,① 而另一些研究认为，女性迁移就业概率更高。②

（3）行为主义模型。

行为主义的研究方法是对结构主义研究方法和新古典主义研究方法的综合。③ 它认为劳动力的转移要比新古典主义的理论假设复杂，劳动力的转移除了要引入经济变量外，还要引入更多的非经济变量，例如，劳动者的个体特征、社会网络、政策和制度性变量等。行为主义研究方法强调劳动力转移是个体的决策行为，因此突出了个体特征，例如，性别、年龄、教育水平等对转移决策的约束，也引入环境因素的影响，通过研究劳动力转移的微观机制来解释劳动力转移的宏观模式。

行为主义研究方法是把结构主义研究方法和新古典主义研究方法联系起来的桥梁。该研究方法通常是以实证检验的方法研究劳动者的性别、年龄、区域差别、婚姻等个性特征对劳动力转移的影响，一般运用多项逻辑模型（logit model）来模拟劳动力的转移。对行为主义的研究方法，国内的研究主要是运用一般性统计分析的模式，研究性别、年龄以及受教育程度等人口学特征对农村剩余劳动力转移的影响。例如，朱农等④利用多项逻辑模型发现，教育对男性的转移决策有正影响，对女性的转移决策没有影响。赵耀辉⑤则发现年龄对转移决策有正的影响，等等。由于行为主义的研究中引入了一些非经济的变量，例如社会网路、个体或者家庭特征等有关的变量，这些变量都是一些定性描述的变量，因此，在构建多项逻辑模型时，采取何种指标来度量社会网路、个体或者家庭特征、政策和制度性等这些非定量类的非经济变量是比较困难的，在国内外的研究中，也没有一套大家都能够接受的共同准则，因此，一些研究中，由于采取度量非经济变量

① 蔡昉，都阳，王美艳．劳动力流动的政治经济学．上海人民出版社，2003：59.

② 朱农．离土还是离乡？——中国农村劳动力地域流动和职业流动的关系分析．世界经济文汇，2004（1）：48.

③ 程名望，史清华．个人特征、家庭特征与农村剩余劳动力转移．经济评论，2010（4）：50.

④ 朱农．论收入差距对中国乡城流动及教育在其中的作用．人口与经济，2002（5）：30.

⑤ 赵耀辉．中国农村劳动力流动及教育在其中的作用．经济研究，1997（2）：89.

的指标的不相同，造成在研究中对于非经济变量对劳动力转移的影响分析上，其研究结论上有时存在相互冲突和矛盾的部分。

由于行为主义的研究方法，既重视宏观经济结构对劳动力转移的影响，也重视农业个体劳动者决策的影响因素，同时，把经济与非经济的因素都考虑在其中，因此，行为主义的研究方法的实用性和应用能力显著地得到了增强。

3. 农业剩余劳动力转移与其他社会经济变量（如经济增长等）的关系研究

农业剩余劳动力的非农化转移是改革开放 40 多年来中国转型经济发展过程中最引人瞩目的经济社会现象之一。这种结构转移对经济增长的关系问题也是国内外学者关注的焦点之一。学者们一般采取全要素生产率法或者对经济增长因素分解的方法对农业剩余劳动力转移对经济增长的贡献进行评价，因为模型的构建不同，其结论有所差别，但是总的来看，一个基本的结论是，农业剩余劳动力转移对经济增长的贡献是非常显著的。

有的专家在分析后认为，① 中国劳动力转移对中国经济发展的贡献率达到了 20%。也有研究者，对特定省份（如陕西省、江苏省、广东省等）的劳动力转移对该省的经济增长情况进行了分析，例如，吴森富②认为，广东省在改革开放的 20 多年里为外省劳动力提供大量就业机会的同时，外省从业人员也为广东省的经济增长作出了重要贡献，外省从业人员对广东经济增长的贡献率最大达到近 10%。外省劳动力的流入不但提升了广东的人力资本水平，还节约了人力资本投资成本。随着广东经济的高速发展，大量的农村剩余劳动力从第一产业流向二、三产业，使广东省的劳动结构不断改善，并且产生一个比较大的劳动结构效应，对广东经济增长的贡献比较明显，平均达到 1.92 个百分点，最大值贡献份额达到 2.95 个百分点，对广东经济增长的贡献率平均达到 13.08%，最大达到 22.55%。

---

① 李培林．劳动力转移造就中国经济增长奇迹，http://finance.sina.com.cn/roll/20070823/00331619784.shtml，2007-08-23.

② 吴森富．流动人口对经济增长的贡献——基于广东省的实证研究．华南师范大学学位论文，2004：5.

4. 农业剩余劳动力转移的比较研究

"他山之石，可以攻玉"，在研究中，众多的研究者也积极从其他国家农业剩余劳动力转移的实践中寻求对中国劳动力转移的启示。在文献中，对于世界主要国家农业剩余劳动力转移的研究和实践的总结还是比较多的。这种比较，既包括劳动力转移的国与国之间的比较研究，也包括特定国家内部，随时间和国家发展任务不同，在一个国家内部劳动力时间序列变化导致的劳动力发展历程的比较研究。

由于英、美、日等工业化国家在过去的100多年的时间里，已经先后完成了二元经济向一元经济的转换，这些工业化国家的农业劳动力在社会总劳动力的比重都在10%以下，有些国家的比重甚至不到3%，因此，一些研究就着重探讨发达国家农业劳动力转移的过程和模式问题。例如，楚静①将英国的劳动力转移模式总结为强制转移型模式，美国的劳动力转移模式总结为自由迁徙型模式，日本的劳动力转移模式总结为政府主导型模式，并分别分析了各种模式的特点。也有学者对其他发展中国家的农业劳动力转移的实践进行了总结，例如，崔占峰②把印度解决农业剩余劳动力转移的途径总结为农村工业化，印度通过发展农村工业、家庭手工业和小工业来充分提供农业剩余劳动力的就业机会，印度政府把发展农村工业化纳入国民经济发展计划，实施农村工业项目计划。作为拉美模式典型代表的巴西，其农业剩余劳动力的转移问题也为研究者所关注。巴西依靠工业化转移农业剩余劳动力模式的突出特点是依靠城市工业发展为条件并受其推动，其城市工业化以及农村工业化过程中，外国资本始终发挥了很大作用。这点与有些发展中国家中表现为不同，一些发展中国家是依靠牺牲农村发展城市，牺牲农业发展城市工业以及工业化在城市普及后再发展农村。

综上所述，不同国家由于经济发展阶段不同，历史任务不一样，地理环境和资源禀赋的特点，各自选择了不同的农业剩余劳动力转移的路径，并且都取得了若干的成绩。所以，借鉴各国农业剩余劳动力转移的实践的经验，分析劳动力转移中的约束条件及其行为表现，为中国农业剩余劳动力转移的实践提供指引，是

① 楚静．发达国家农村剩余劳动力转移模式及启示．北京农业，2009（4）：3.

② 崔占峰．农业剩余劳动力转移就业问题研究．经济科学出版社，2008：117-120.

深有裨益的。

（二）中国劳动力转移的比较研究

1. 中国近现代劳动力转移的比较研究

在中国近代，由于鸦片战争的失败和由此带来的民族自强和自尊心的崛起，许多中国人认识到，清朝政府闭关自守政策的危害性，从而开始认识到，必须“师夷长技以制夷”“师夷长技以自强”，主张学习西方的先进技术，学习西方的经济管理方法。在实践方面，就是洋务运动，例如李鸿章开办江南造船厂，张之洞开办汉阳钢铁厂……这一系列的工业活动，事实上就是中国最早的工业化运动。

与此同时，一些外国商家也在中国国内设立各种贸易商行或者工厂，例如1860年，随着当时来华商船的增多，美国人开始在中国投资经营轮船公司，旗昌轮船公司，进行船舶的修理并进行旅客的载运等。这些工业化运动改变了中国2000多年封建社会小农生产和家庭手工业相结合为特征的自给自足的、封闭的农业经济格局。中国洋务运动连同外国列强在中国的投资办厂，为中国劳动力向工业领域转移提供了平台，中国的农村劳动力也开始从那时从农业领域向工业领域转移。

随后，虽然中国经历了一系列战争、内乱，并最终建立新的政权，中国劳动力转移的趋势并没有停止，劳动力转移的规模、速度和影响在1927年至1937年间甚至达到一个小的高潮，在当时的民国政府看来，这10年是中国历史上的“黄金十年”。在这期间，在政治、经济、基建、文化、教育、社会政策、边疆民族政策、外交、军事等施政各方面皆取得了一定成就，整体环境为1840年以来中国最高水平。

虽然民国时期的“黄金十年”与中国的改革开放后20多年之间劳动力转移的规模、深度和广度以及影响程度，不可同日而语，存在诸多的差异，但是这两次劳动力转移都是中国社会经济发展到一定阶段的产物，有许多相似之点。因此，对中国近代民国时期的“黄金十年”和中华人民共和国改革开放后的劳动力转移进行对比是个有意义的工作。这种近现代劳动力转移的对比的相似之点表现在：

（1）社会经济的进步有些相似。

民国时期“黄金十年”期间，是当时中国经济发展最快的十年，每年经济成长率达到7.7%以上，以上海为例①，1931年与1927年比，棉纺织业厂家有23家增加至27家，纱锭由67万枚增加至103万枚，棉纱年产量由41万多件上升到55万多件，棉布年产量由220万匹上升至390万匹，丝厂由92家增加至165家，丝车由22168台增加至25394台，面粉销售由1950万包上升到了3034万包。随着纺织工业的发展，机器工业也有所发展。在产业发展方面，发轫于19世纪20年代的针织、丝织、染织、印染、毛纺织等工业都有长足发展，而且又产生了一批新兴行业，如电器用具工业、电机工业、染料工业、酒精工业、酸碱工业等，新兴行业又促进了工业部门结构调整。此外产品种类增多，产品结构也发生变化，部分国货产品开始替代了进口外货。② 其次，工业地区分布也在扩大，工业生产技术水平和管理水平都有了较大提高。1936年3月，民国政府的资源委员会（主要任务就是创办与国防有关的工矿企业）根据国防需要和可能的经济能力，拟定了一项重工业建设计划，预定于三年之内，在中部的湘、鄂、赣等内地建设与国防需要直接相关的重工业和矿业，奠定中国冶金、燃料、化学、机器及电器工业的基础。在交通运输业方面，在“黄金十年”期间，国民政府共修铁路3793公里（东北三省修筑的1600公里未计在内），使中国本土（东三省未计在内）铁路共达1.2万公里。民国政府的“黄金十年”，开启了整个政治、经济发展的新进程。但是1937年日本军国主义政府发动了全面侵华战争，让20世纪30年代前几年民国政府主导的中国社会、经济现代化努力成为泡沫，所有建设成果几乎完全丧失。

而改革开放的后二十余年，1979年至2003年的20多年间，中国的GDP年均增长9.47%，工业总产值更是达到了年均增长17.6%。期间中国实现了家庭联产承包责任制，并最终建立起了社会主义市场经济，中国的经济结构、产业结构和城乡二元结构得到了部分优化，破除了“信社”和“信资”的思想禁锢，提出了“三个有利于”的开放式的经济发展思路。在一定程度上解除了旧体制对生

① 宗玉梅．1927—1937年南京国民经济建设述评．民国档案，1992（4）：94-97.

② 国家教委社科司．中国革命史．高等教育出版社，1996：165.

产力的约束。两次工业化的结果都是建立了一个产业部门相对完备的工业化平台，为农业的劳动力转移提供了出路和机会。

（2）1949年前后的工业化运动都对农业领域的劳动力转移产生了重大的吸引力，吸引劳动力从农业领域转移到非农业领域。

从鸦片战争直至甲午战争前的50年时间内，外国资本在中国各通商口岸建立了100多个工厂企业，雇用了中国工人3.4万人。随后在19世纪60年代，洋务运动开办的军工和民用企业中，雇用了大约3万人，到19世纪70年代兴起的民族资本主义工矿企业中，大约雇用了3万多人。因此，在1894年前后，中国近代大约有10万人口转移到了工业领域。到了1919年五四运动前，中国近代的产业工人达到了200万人,① 也就是说由于各类工业企业的建立，吸收了几百万的中国农业劳动人口。随着民国政府“黄金十年”期间系列鼓励工业发展政策的实施，农村劳动力向城镇非农产业转移更加成为一个浪潮。根据1934年的一项调查显示,② 当时，成都市共有工人205954人，而当年成都市人口总数为440859人。这样，成都市工人就占了全市总人口的46.72%，据1936年中央农业实验所所作的调查，在全川64县中，有154837户农民离乡迁移，占总农户的6%。其中，迁往城市（包括逃难、做工和住家）的农民占全部迁移户的61.1%。从1939年所进行的成都市牙刷业工人调查中可以看到，在141名职工和学徒中，其籍贯为成都的仅有38人，占总人数的26.95%，其余人员则来自省内其他地区。此外，在1935年所进行的一次成都市人力车夫生活调查中的309人中更只有23人的籍贯为成都，其余均为省内其他市县。由此看见，在当时，由于工业化和城镇化的发展，大量的农村人口转移到了非农产业，非农领域进行人口转移已经成为了常态。

而改革开放以来，中国的农业劳动力向城镇转移的规模是逐年扩大的，在1978—2004年，农村就业人口占全社会就业总人数的比重由74.5%下降到46.9%，下降了27.6%个百分点，而第二、第三产业就业人数的比重由25.5%上升到53.1%，约有2亿农村劳动力转移到第二、第三产业。根据国务院研究室2006年发布的《中国农民工调研报告》，目前进城务工人员在我国第二产业从业

---

① 国家教委社科司．中国革命史．高等教育出版社，1996：27-97.

② 李映涛．民国前期内地城市工人生活研究．中华文化论坛，2005（4）：139-143.

人员中占58%，在第三产业从业人员中占52%。其中，在加工制造业从业人员中已占到68%，在建筑业从业人员中占80%。① 这充分说明农村劳动力转移成为沟通中国城乡要素市场，加强城乡社会经济交流的主要渠道，劳动力从农村领域向非农领域转移是经济发展的必然趋势。

（3）在缓解农村贫困，降低农村与城镇之间的收入差距方面有相似之处。

在近代中国，随着外国列强的入侵和半封建与半殖民地社会的形成，中国成了外国商品的倾销地，大量洋货的涌入，使得中国种植业加上家庭手工业的生产经营方式受到了严重打击，农村领域的天灾和人祸，以及当时社会农业基础设施的匮乏，使得农业领域抵抗自然灾害的能力非常薄弱。大量农民破产，并出现农村地区严重的土地兼并问题。土地兼并的出现促使了无地、失地和少地的农民大量增加，中国农村地区的贫困化问题严重。如果这些农民不到城镇非农业领域赚钱谋生的话，就没有出路，而这些农民到城镇非农领域就业后，也确实获得了生存之路。

而改革开放后，虽然随着家庭联产承包责任制的实施，农民有了生产和支配自己剩余劳动积极性后，收入有一定的增加，但是农民与市民、农村与城镇之间的收入差距在经历了一系列的波动之后，事实上处于收入差距拉大的状态。根据一些资料，在20世纪80年代中期，中国城乡居民的收入比是1.81倍，到2002年扩大为3.1倍，② 这种收入差距如果没有农村劳动力的转移，其后果更加的严重。国务院研究室的《中国农民工调研报告》中指出，农民外出务工已经成为了工业带动农业，城市带动农村、发达地区带动落后地区的有效实现形式。2004年，进城务工人员的月平均收入为780元，月平均生活消费支出290元，平均全年结余3000元左右。外出的农村劳动力把城市打工所得寄回或带回农村，提高了农村家庭的收入水平，而且为家庭的农业生产提供了资金支持。因此，前后两次劳动力转移的结果上看，对减缓农村地区和城镇地区之间收入差距扩大的趋势上，都起到了积极的作用。

1949年前后的劳动力转移态势虽然存在着一定的共同之处，但是也存在许多差异性。这种差异性表现在：

---

① 卢向虎．农村劳动力转移知识读本．中国农业大学出版社，2009：12.

② 成德宁．中国经济发展中的“三农”问题．山东人民出版社，2009：49.

（1）所处的时代和社会背景不同。

首先，从时代背景上看，1949 年前的劳动力转移虽然随着中国工业化进程的推进，看起来生机勃勃，但是，1937 年的全面抗战开始，战争使得劳动力转移的步伐就此停滞。而自改革开放以来的劳动力转移，仍然在延续，并且方兴未艾地在进行。

其次，从所处的社会背景来看，前后两者选择了不同的社会制度和发展道路。在 1949 年前选择的资本主义发展道路，土地被集中到地主豪绅、官僚买办手中，根据国民党中央研究院社会科学所 1929 年对无锡县 20 个村 1035 户土地占用情况的调查，占总户数 5. 7%的地主占地 47. 3%，占户数 5. 6%的抚弄占有 17. 7%的土地，而占户数 88. 7%的中农、贫农、雇农仅占 35%的土地。① 许多的贫农和雇农都处于破产状态，他们除了劳动力以外，就没有任何生产资料，因此，到城市中就业是一个很理想的选择，被转移的农村劳动力通常都是无地少地的农民或者天灾人祸所产生的难民。而 1949 年后，中国实行的社会主义发展道路。土地等生产资料实行的是国家所有，农民选择到工业或者第三产业就业是主要因为土地的相对剩余和非农领域就业的劳动边际报酬要比农业领域高。

（2）劳动者个体所承担的压力不同。

1949 年前的劳动力转移是因为土地私有制大规模兼并后，失去了基本生产资料，如果不进行迁移就存在生存问题，是在绝对压力下（贫困，生存压力）下进行的劳动力转移，这种劳动力转移不存在逆向反转的问题，也就是说，劳动力转移比较彻底。劳动力的职业永久性从农业转移到了工业或者商业领域。

1949 年后的劳动力转移是因为农业领域劳动生产率提高后，土地不能吸纳大量人口而显性出来的相对劳动人口的相对过剩。是相对压力之下（农业领域只能解决相对温饱问题）之下的转移。这种差别也造成了结果的不同，前者出去赚钱谋生之后，对农村了无牵挂，后者转移出去之后，经常还想着“落叶归根”。

（3）从转移的效果来看，1949 年前的劳动力转移属于劳动力的一次性转移，而 1949 年后的劳动力转移的属性并不是很清晰。

前后两次劳动力转移，对中国经济发展和社会进步产生了重要贡献，但是从本质上来说，前一次农村劳动力转移就业的形式、途径和结果等，更适应历史发

① 国家教委社科司．中国革命史．高等教育出版社，1996：164.

展的客观要求，因为，农民转移到非农领域后，其身份也转变成了市民。而当前的农村劳动力转移，尽管它也对中国经济发展做出了重大贡献，但其本质仍是一种低层次的劳动力转移，具有较大的不彻底性。1949 年前的劳动力的主要对象是无地和破产的农民，因此，他们转移到工业领域去之后，由于在乡村中并没有任何的生产资料，他们并没有和原有的乡村形成强烈的依赖关系，相反，在城市就业，获得稳定的工资报酬是生存的根基，并能够稳定地在城市中生活下去，因此，从农民转移到工人的时候，也完成了个体身份的转变。

而改革开放以来转移的劳动力主要是家里还有责任田、宅基地以及一定生产资料的农民。无论是“离土不离乡”的本地劳动力转移，还是“离土又离乡”的异地“候鸟式”劳动力转移，他们都割裂不了自己与土地的联系。他们的身份没有得到根本性的改变，即使是“进厂”了，在思想上也没有“进城”，是兼业式“打工”和在城乡之间往返的“候鸟”。在理论界中，被称作“农民工”，农民变成“农民工”是劳动力转移的第一步，而“农民工”转变为“市民”才标志着个体劳动力转移任务的彻底完成。由此，可以看出中国改革开放以来，中国劳动力转移具有很大的不彻底性，中国劳动力转移的任务然而有很大的艰巨性，进城务工人员的市民化问题是当前劳动力转移研究的一个主要方向问题。

（4）劳动力转移的方向来看，1949 年前的劳动力转移的方向既包括农村劳动力从农村转移到城市，也包括农村劳动力转移到农村。

劳动力从农村转移到城市是很好理解的，为什么还存在劳动力从农村转移到农村的事例呢？原因在于，一方面，1949 年前的农村劳动力转移是在中国农业未得到充分发展状况之下的转移，1949 年前由于技术低下，在继续投入劳动力的状况之下的精耕细作，农业的产量可以得到提高，这促使一些雇主愿意雇用农民，通过投入劳动来提高收益；另一方面，中国当时的人口数量相对较小，在国内还有许多未开垦的地区，许多华北、华中地区的破产农民“闯关东”“走西口”，通过自身的开拓寻求到了生存的机会。这种劳动力向农业领域流动本身是农业发展不充分的结果，从世界范围看，只有当农业领域内部已经不能够容纳过剩的劳动力时，农业劳动人口才会从农业领域向工业领域转移。

反观改革开放以来的劳动力转移，中国土地改革平均地权和土地公有制的实施，已经实现了革命先行者孙中山先生的“耕者有其田”的理想。农民拥有土地，再加上人口的急剧增加，土地对劳动的边际效益递减规律已经开始发挥作用，家庭联产承包责任制的实施，在“交够国家的、留足集体的、剩下的都是自己的”原则下，农民作为劳动力配置的主体，其积极性被调动起来，在农业领域配置已经得到了淋漓尽致的发挥的情况下，农业领域不可能在吸纳过多的劳动力了，因此，除了劳动力向非农领域转移就别无他路。这造成了改放后的农业剩余劳动力的流向大多是从农业生产领域向非农领域转移。

（5）从所受到的福利来看，1949 年前的农民进入工厂之后，其身份就转变为了工人，他们与原来的工人之间在待遇上是没有差别的，同工同酬。这点与当今的农业转移人口有很大的差别。

根据燕京大学李景汉先生在海淀挂甲屯村和黑山扈马连洼村的调查，① 工人大约为年收入 144 元，人力车夫，年收入 180 元。其他没有技术的苦力，收入和泥水小工类似，一年收入 80～90 元。当时农民无论是租种还是自耕，每人每年种地收入约 70 元，冬季农闲时，农民会做别的营生补贴家用，例如进城拉人力车。商业：公务人员：政府办事员，年薪 120～500 元。当时的店铺伙计，店主供应饭食，每年工资加上年节赏钱，约 100 元。从上面的数据可以看出，典型官本位社会的民国中期，农民的年收入和没有技术的小工苦力的收入和警察的工资持平（警察是否有其他收入这里不做讨论）。即使是和技术工人、人力车夫、听差、小贩、店铺伙计以及塾师、邮递员和基础办事员的每年 100～180 元相比，农民的收入也是他们的 60%～90%。当然，和修电线的高级专业工人、中级政府办事员和军队基层军官的每年超过 300 元的收入，那自然是差得很远，不足他们的 30%。

而当今的进城务工人员与和他们一起工作的所谓城市职工相比，在工资、福利、保险、住房上存在差异，形成体制内和体制外的两种福利不同的状态，进城务工人员的基本福利都要比城市职工低一个档次，形成了鲜明的层次，而且他们从事的工作都是城市职工不愿意干的脏、累、险的活儿。不仅如此，进城务工人员的子女入学、医疗和社会保障方面都受到体制和习惯性歧视，体制内的各种医疗和社会保障措施也惠顾不到进城务工人员的下一代，进城务工人员即使在城镇

① 1926 年农民和其他劳动者收入对比，http：//www. qmhistory. cn/simple/index. php? t31882. html，2010-03-26.

就业，还需要办理暂住证之内的材料，这些都是加重进城务工人员生活成本的一些措施，而所谓正规职工则不存在上述限制。

（6）从对城市的认同度来看，认同度不同。

1949 年前的劳动力转移之后，大多完成了职业和地域的转变，很快融入了城市生活，完成了从农民到市民身份的转变。由于农村领域并不拥有土地和其他生产资料，因此他们也割裂了与土地的联系。

而 1949 年后的劳动力转移，由于有土地的依附性，他们并不是无牵无挂地在城市中进行打拼，割裂不了与土地的联系。在城市中打拼的许多人所想到的是，赚些钱后，继续到农村去养老，心中有根线似的和土地相连，“落叶归根”，土地是生存、养老的屏障和保障，进城务工人员的思想和意思中都有着对土地的思恋。进城务工人员处于不停地流动中，职业和地域的不停移动，也使得他们很难对城市文明有所认同，并完全融入城市文明中去。进城务工人员流动的状态对其自身人力资本的积累也是一个障碍，因为职业和地域的频繁变动，使得其不能在某一个领域有所专长，他们对现代工业技术技能的掌握停留在一个简单的操作层面，而不能理解自己所工作的技术的实质。这种劳动力个体对转移认同上的差异，也是一个 1949 年前后社会体制上差异的反映。

2. 中华人民共和国成立 70 年间的中国劳动力转移比较研究

中华人民共和国成立以来，中国的劳动力转移从理论和实践上都经历了一系列的探索和波折。关于中华人民共和国成立以来劳动力转移阶段的划分问题，在许多文献上都有所涉及，其中，一种典型的做法是依据时间序列，按照大事记的方式来划分的。例如，秦兴方等就按照时间序列的方式，对 1980 年以来劳动力转移中发生重大的政策来阐述政策变化后，劳动力转移的特点和趋势，其研究分析了自 1980 年以来，几乎历年来中国劳动力政策变化下，劳动力转移的特征状况。① 崔占峰也大致遵循这种研究路径，按照时间序列，分析不同年份的农业剩余劳动力转移的规律和特点，只是其研究的时间划分比前者的划分概括性强一些

① 秦兴方，田珍，季丹虎，陈玉平．农村劳动力转移的序次．社会科学文献出版社，2009：86-94.

而已。①

在本研究中，我们认为虽然按照上述研究者时间发展的线索能够看出来劳动力转移过程中劳动力转移量变的特征，可以较好地认识到劳动力转移的变化过程。但是如果我们能够将阶段内劳动力转移量变所积累的质变作出总结，则对劳动力转移的阶段性认识可以变得更加的深刻。

基于这种认识，我们把 1949 年以来的劳动力转移阶段性特征相似性为依据，将 1949 年以来的劳动力转移的阶段划分为三个阶段。

第一阶段从 1949 年开始到 1978 年结束，劳动力转移的主要特点是计划性转移，这个阶段劳动力的转移是国家主导的；

第二阶段从 1978 年到 1992 年前后，劳动力转移的主要特点是就地转移，劳动力转移中的政策限制开始放松，劳动者转移的主动性开始增加，但是农业剩余劳动力主要是在农村领域的非农产业（主要是乡镇企业）中被吸纳。

第三阶段从 1992 年至今，劳动力转移的主要特点是跨区域转移，劳动力转移开始离土又离乡。这三个阶段的形成和结果是中国对劳动力转移的认识不断深化的结果。

（1）1949—1978 年的劳动力转移（农业剩余劳动力的计划性转移）。

在中华人民共和国成立初期，中国国内户籍管理的基本原则是："保证人们居住迁徙之自由。"② 因此，国内的户口迁移制度只是为了统计人口的需要，劳动力迁徙入户问题是没有受到任何限制的。但是在 1953 年开始，中国第一个 5 年计划成功实施后，工业化的发展使得愈来愈多的农村劳动力涌入城市。1949 年至 1952 年三年间，全国市镇人口从 5765 万增加到 7163 万，增加了 1398 万，市镇人口占全国总人口的比重也从 10.6%上升到 12.5%，三年时间增加近 2 个百分点。③ 然而中华人民共和国成立初期，百废待兴，当时城市的基础设施薄弱，城市承载能力很小，无法承载大量的农村人口进入城市，政务院在 1953 年 4 月 17 日发出了《关于劝止农民盲目流入城市的指示》。文件中提出劝阻农民盲目流

① 崔占峰．农业剩余劳动力转移就业问题研究．经济科学出版社，2008：64-69.

② 罗厚如．迁徙自由的比较研究．河北法学，1995（4）：5-10.

③ 肖冬连．中国二元社会结构形成的历史考察．http：//www.coldwarchina.org/zgyj/syzgzjywjh/000962.html，2005-06-28.

入城市的问题，规定各单位未经劳动部门许可或介绍，不得擅自到农村招收工人。在其后，随着中国三大改造基本完成，计划经济体制在中国成型。城市人口的自然增长和机械增长使得政府无法安排新成长的劳动力就业问题。

1956年，政府制定的《1956年到1967年全国农业发展纲要（草案）》，提出“城镇中、小学毕业的青年，除了能够在城市升学、就业的以外，应当积极响应国家号召，下乡上山参加农业生产，参加社会主义建设的伟大事业”，在少数几个城市进行了动员知识青年下乡插队的试点。在这种情况下，限制农民进城政策的力度也随之加强。1957年12月18日，政府发布了《关于制止农村人口盲目外流的指示》①，采取强力措施，禁止农民进城。1958年的“大跃进”运动后，劳动力转移也出现了“大跃进”，城市大量从农村招工，3年招收职工2500万，城镇人口从1957年底的9949万猛增到1960年的1.3亿多，3年增加3124万，增加了近1/4，城镇人口比重迅速提高4个百分点（1960年达到19.3%）。农村劳动力短期内大规模的迁移使得城市的粮食供应成为一个问题，粮食的库存急剧下降，大量的人口迁移到城市也使得农业的劳动力投入不足，农业的形势也急剧恶化。

为了应对危机，1960—1963年，政府将新招进的农村人口大量下放到农村去②，3年间，大约2600万人口被下放到了农村，其中职工2000万。此次波折在社会上形成一种意识，即增加农村劳动力可以提高农业的产出，也可以减轻城市粮食、副食供应和就业压力了。而忽视了人口流动和劳动力转移对经济增长带来的贡献，忽视了其对提高农村劳动生产率的作用，忽略了其对于中国工业化和城市化的影响。1962年12月，公安部发布《关于加强户口管理工作的意见》③，规定“对农村迁往城市的，必须严格控制；城市迁往农村的，应一律准予落户，不要控制；城市之间必要的正常迁移，应当准许。但中、小城市迁往大城市的，特别是迁往北京、上海、天津、武汉、广州等五大城市的，要适当控制。”这种逆劳动力转移规律和城市化规律的政策将劳动力由农村迁往城镇的大门彻底堵死

---

① 石伟，周静．中国农村剩余劳动力转移的现状、问题与对策．中共济南市委党校学报，2004（4）：68-71.

② 叶耀先．新中国的城镇化历程和经验教训．小城镇建设，2005（7）：7-9.

③ 姚亮．建国以来户籍制度的变迁过程及其评价．经济研究导刊，2018（18）：189-190.

了。“文化大革命”时期，由于生产建设遭到严重破坏，城镇就业困难，不仅农村人口难以进城，而且还出现了干部及其家属下放、知识青年“上山下乡”等大批城镇人口被动员甚至强迫倒流农村的反常现象。

随后的户籍制度规定：“公民由农村迁往城市，必须持有城市劳动部门的录用证明，学校的录取证明或者城市户口登记机关的准迁入证明，向常住地户口登记机关申请办理迁出手续”①。这种做法，把中国农村劳动力转移的途径单纯限制为招工、上学录取、升迁等途径。此后，公安部给全国各省、市、自治区下达了“农转非”控制指标，即“每年批准从农村迁入市镇和转为非农业人口职工家属人数，不得超过非农业人口数的 1.5‰”。对“农转非”实行政策与指标双重控制。按当年 1.6 亿非农业人口计算，每年“农转非”只能限制在 25 万之内。这样，劳动力从农村转移到城市的途径严格在计划所控制之下。

（2）1978—1992 年前后的劳动力转移（农业剩余劳动力的就地转移）。

1978 年，中国家庭联产承包责任制和改革开放大战略的实施，使得中国的社会经济发生了翻天覆地的变化。在农村，家庭联产承包责任制的实施，农村劳动人口能够获得和支配剩余产品，农民的农业劳动积极性获得很大提高，中国农村的劳动生产率有了大幅度的提高，中国农村人均粮食产量从 1978 年的 1.07 吨增加到 1985 年的 1.25 吨。② 由于人口的增长，农村土地对劳动力的边际效益下降效应开始显现，农村剩余劳动力从隐形矛盾开始转变为显性矛盾。耕地无法为规模巨大的所有农村劳动力提供就业的机会，农村人口收入很难通过农业领域劳动获得提高。改革开放大战略的实施，使得政府能够反省计划经济的利和弊，在理论上提出了一系列有利于解放生产力的新的举措，例如，国家提出了有计划的商品经济理论，并在实践上贯彻和实践这个理论，因此，放权让利、改革统购统销体制等一系列改革举措纷纷出台。

这些制度上的创新，提高了农业生产的效率的同时，也使得粮食生产实现高速增长，粮食的总产量频频创出历史新高。1978 年中国粮食产量首次突破 30000 万吨，达到 30477 万吨，增长了 7.8%。1979 年粮食产量又增长 8.9%，到 1984

① 徐琴．中国当代户籍制度的变迁．学海，2000（1）：80-85.

② 秦兴方，田珍，季丹虎，陈玉平．农村劳动力转移的次序．社会科学文献出版社，2009：149.

年，中国粮食产量历史性得到达了40732万吨。① 突然出现的粮食大幅度增长的情况下，导致粮食供给过剩。充足的农产品为工业生产提供了充足的原材料，也为劳动力向非农产业转移创造了条件。乡镇企业就在此期间得到了迅猛发展，在1978—1988年迎来了乡镇企业发展的高峰。1978年乡镇企业总产值只相当于当年农业总产值的37%左右。到1987年，乡镇企业产值首次超过了农业总产值，标志着中国农村经济已经进入了一个新的历史时期。

到2008年，乡镇企业增加值已占农村社会增加值的71.21%，成为支撑农村经济最坚实的支柱。乡镇企业从功能上讲，一方面通过对农产品加工和深加工消化了农业的过剩农产品，提供出来的丰富多样产品满足了广大群众物质和文化生活的需求；另一方面，乡镇企业对吸收农村剩余劳动力的作用功不可没。1978年全国乡镇企业职工2827万人，全年工资总额87亿元，平均每个职工年工资收入308元。② 1983年乡镇企业共吸收农村劳动力3235万人，比1978年增长14.4%；总产值从1978年的493亿元增加到1983年的1017亿元，年均增长速度为21%。与此同时，农村个体、联户办企业也悄然兴起并逐渐发展壮大。1986年、1987年仅用两年的时间，乡镇企业就超额完成了“七五”计划的产值目标。到1988年乡镇企业个数达1888万个，从业人数达9546万人，总收入达4232亿元，4年间乡镇企业数平均每年增长52.8%，从业人数平均每年增长20.8%，总收入平均每年增长58.4%。③

乡镇企业开创了农民在农村就地就近就业的新路子。农村的劳动力在“离土不离乡，进厂不进城”的状况下，实现了就业，提高了收入。1978年全国乡镇企业职工只有2827万人，只占当年农村劳动力的9%多一点。到2008年，乡镇企业从业人员达15451万人，占农村劳动力总数的29.34%，比1978年的9.23%提高了20.11个百分点，极大地缓解了就业压力，优化了农村劳动力结构，同时为农业适度规模经营、提高劳动生产率创造了条件。乡镇企业的发展也改善了农村人口的收入水平。到2008年，乡镇企业支付劳动者报酬达15830亿元，农民

① 钟瑞．中国粮食产量分析及展望．农业品加工，2009（3）：9-12.

② 新中国成立60周年乡镇企业发展综述，http：//finance.eastday.com/m/20090811/u1a4572855.html，2009-08-11.

③ 中国粮食产量分析及展望，http：//www.tczizhu.cn/Article/siliao/200811/2446.html，2008-11-22.

人均从乡镇企业获得收入1666元，比1978年的10.74元增加了150多倍，占农民人均纯收入的34.99%，比1978年的8.04%增长了26.95个百分点，大大加快了农民致富奔小康的进程①。在乡镇企业的推动下，中国传统村落的基础上产生了大量的小城镇，形成了中国特色的城镇化道路，即城市工业化和农村工业化双重工业化，工业化带动城镇化，工业化与城镇化相互促进、相互发展的局面。

虽然通过乡镇企业减缓了农村剩余劳动力的就业压力，提升了农民的人均收入，对改善农村的经济结构上起了很大作用，但是乡镇企业的种种弊端使得通过乡镇企业进一步发展来吸纳农村剩余劳动力还是存在许多的困难。这些困难是由于乡镇企业本身所固有的制度缺陷所造成的。乡镇企业所受到的约束表现在：

第一，乡镇企业内部的产权制度不是很清晰，它是依靠大量低廉的要素投入（农产品价格低、农村劳动力的工资便宜）来获得发展的，当低廉要素（劳动、原料）这个因素不存在，乡镇企业本身所固有的、由于其产权制度所决定的、自身的组织成本难于控制的劣势使得其发展不可能持续进行。

第二，乡镇企业分散的工业化道路造成了“村村有店，户户冒烟”的乡村工业化现象。这种现象由于没有科学的规划，造成对土地的大量占用和浪费，农村地区的污染现象也特别严重，虽然从其兴起的过程来看，有其内在的逻辑，但是就全国而言，分散式的乡村工业化让农村地区的生态环境、耕地资源和经济效益上都有代价。一些研究表明，② 乡镇企业过于分散、用地规模增加了1/3、能源利用率降低了40%，基础设施投资增加了20%~30%，行政管理费用增加了80%，人力资源增加1%~2%，最终资金利润率比相对集中降低20%左右，农业规模经济和集镇建设在空间上都造成了困难。

（3）1992年至今的劳动力转移（农业剩余劳动力的异地转移）。

虽说在20世纪80年代由于乡镇企业带来的就地劳动力转移是劳动力转移的主流，但是在80年代后期，乡镇企业遇到了国有企业、三资企业和私营企业的强劲挑战，乡镇企业分散的格局以及远离市场的特点，使得乡镇企业的竞争力弱于上述企业，乡镇企业在20世纪80年代后期出现了衰落的趋势。乡镇企业从业人员在1987年出现了下降，年均增长速度从1986年的13.7%，下降到了1987

① 李京文．中国乡镇企业发展成就与展望．江汉论坛，1995（5）：2-6.

② 辜胜阻，简新华．当代中国人口流动与城镇化．武汉大学出版社，1994：16.

年 10.7%，并在 1988 年下降为 8.4%①。乡镇企业吸纳劳动力的能力减弱了。

与此同时，20 世纪 90 年代以来，中国社会、经济发生了许多的变化。从战略层面上，中国提出了建立社会主义市场经济的理论构架。从资源的配置方式上，将原有的计划经济手段改变为计划和市场调节相结合的方法。从中国经济发展的现状看，有两个带有长期意义的机制开始形成，第一个是需求导向的工业化发展战略得到确立。第二个是工业化和城市化互动机制开始初步形成。从国际分工的格局来看，珠三角、长三角由改革开放初期的简单代工发展为产品的深加工，中国开始成为"世界工厂"，珠三角、长三角产业带开始形成。上述变化对劳动力转移的影响意义是极端深远的。

首先，社会主义市场经济的确立，以及在随后的党的十三大会议上中央把将建立社会主义市场经济作为基本国策，使得过去长期限制劳动力流动和转移的各种措施的松动成为了可能，并且随着供销体制改革、粮食体制改革、住房体制改革等措施成为了现实。过去，农村人口进城，只有解决了非农业户口问题，住房、就业和粮食问题才可以解决。

在 1992 年之后，粮食体制改革，住房体制改革，粮食销售和商品房销售日益市场化，没有"非农业户口"的农民也可以在城里找到工作，购买或租赁到住房，买到粮食，进城限制的日益减少，降低了农民在城市居住下来和寻找工作的成本。人口从农村流向城市的限制逐步减少，结果形成了人口从乡村到城市流动的潮流。

根据一些研究，② 在 1982 年流动人口的规模为 3000 万，1985 年，流动人口的规模大约为 4000 万。90 年代中期农村劳动力的人口流动的规模大致为 8000 万，虽然从狭义上讲，流动人口并不等于劳动力转移人口，但是从广义上看，流动人口之所以流动，就是由于其有劳动力转移倾向的人，一种包括已经转移成功的人和正在寻求转移机会的人，流动人口和劳动力转移人口之间的关系是正相关的，所以，流动人口的规模越大，劳动力转移的规模相对也大。从 20 世纪 80 年代到 90 年代人口流动的规模的庞大也间接验证了人口转移规模的庞大。

其次，需求导向的工业化战略的确立、工业化和城市化互动机制的形成，使

① 严安云．中国乡镇企业发展趋势与变化特征．乡镇经济，2001（7）：27-29.

② 李玲．珠江三角洲人口迁移与劳动力市场．科学出版社，2005：17.

得劳动力转移的长效机制开始形成。在中国经济发展过程中，工业化和城镇化之间长期以来存在一系列的不协调发展的问题。新中国成立之后，中国学习和借鉴苏联工业化的经验，实施的是重工业优先发展战略，重工业是一种资金密集型产业，它对劳动力的吸纳能力是比较弱的。因此，尽管当时在农业领域有大量的剩余劳动力，在实践上只能采取限制的措施，将劳动人口通过就业制度、户籍制度等继续限制在土地上，而有计划地将部分劳动力通过招工等形势转移出来，劳动力的转移速度比较慢，效率比较低。

在城镇化方面，中国20世纪60年代开始，城市化基本处于停顿状态，当时有大约20%的人口生活在城市，并且随着知识青年“上山下乡”等一系列运动，有成千上万的城市年轻人从城市流向了农村，这是一种“逆城镇化”潮流，使得1960—1980年中国的城市化率维持在19%左右。城镇是劳动力流动的空间载体，没有城镇化的健康发展，劳动力向非农领域流动就没有空间容纳。在工业化方面，工业化是劳动力流动的引力场，重工业优先发展的战略是对劳动力排斥的，改革开放前的工业化、城镇化逆世界经济发展的一般规律，即工业化吸引劳动力转移，形成的人口转移促进城镇化的发展，这种发展战略造成中国的农业剩余劳动力的转移举步维艰。

最后，全球化和国际产业分工在20世纪90年代以来，形成愈演愈烈的态势。在20世纪70年代开始形成规模的国际跨国公司不再是把原材料和劳动力输入到发达国家中进行产品的加工，而是将资源密集型和劳动密集型工业向发展中国家转移。这种产业转移的趋势加速了发展中国家工业化的进程和进入世界市场的步伐，引发了发展中国家内部劳动力大规模的迁移，这也形成了当前部分发展中国家劳动力转移的重要发动力量。

在有效参与国际资本运作的前提下，20世纪50年代以来，东亚、东南亚等一些发展中国家和地区（例如，日本、韩国、我国台湾地区等）在较短的时间内实现了工业化，将原有的二元经济体制转变成了城乡一体化的一元经济体制。在中国来看，只要中国所具有的劳动力资源的优势资源禀赋没有消失，那么，国际产业向中国持续转移的趋势就不会停止，尽管中国已经是“世界工厂”，中国依然可以不停地承接部分国际产业转移来加快中国工业化的步伐，中国的可持续工业化不会终结。中国继续通过国际产业分工来可持续实现工业化的努力的动力就不会消逝，进而通过工业化带动农业剩余劳动力转移，促进城乡一体化的形势就非常明朗。充分利用国际产业转移，通过国内和国外两个市场的联动来促进中国经济结构的公平化和城乡一体化就可以有一个比较有力的着力点。

上述变化是结构化变化，它改变了过去劳动力转移过程中的动力不足的问题。在这种结构变化的情形下，进入1990年以来，中国出现了大规模农村剩余劳动力异地转移的“民工潮”现象，这是上述结构变化决定的必然行为。表现在数据上①，根据国家统计局农村社会经济调查总队的数据，2000年中国农村劳动力转移人数为11340万人，其中农村转移劳动力在本乡内就业的比例为45.9%，在城镇就业的比例为65.8%。城镇就业的人口数量远远超出本地就业的人口的数量。国家统计局第五次全国人口普查数据分析表明，2000年全国迁移人口超过1.31亿，其中省内迁移为9724万人，跨省迁移为3392万人，在省内迁移人口中52%为从农村到城市的移民；在跨省迁移的人口中，78%为从农村到城市的移民。这些数据说明了，中国劳动力在进入21世纪之后，劳动力的异地转移已经成为了农业剩余劳动力转移的主要形式。

3. 中国近现代劳动力转移的启示

纵观中国近现代农业剩余劳动力的转移过程，我们对于中国近现代农业剩余劳动力转移有如下的启示和总结：

（1）工业化和城镇化的协调发展对中国农业剩余劳动力的转移作用至关重要。

工业化是中国农业剩余劳动力转移的引擎，而城镇化是农业剩余劳动力的空间载体。中国工业化快速发展的时期，也是农业剩余劳动力转移非常积极的阶段。农业剩余劳动力的转移不仅促进了城市化，也促进了农村非农化。随着农业剩余劳动力的转移，农业人口减少和农业机械化水平的提高，农业的生产效率和工业的生产效率的差距进一步缩小，有利于二元经济比较彻底地向一元经济结构转变。1949年前的劳动力转移是由于外国列强在中国开设各种厂矿所吸引，民国时期的劳动力转移的诱因也是由于民族资产阶级工业化发展所造成。

所以，坚定不移地实施工业化战略是保证农业剩余劳动力持续流出农业领域

① www.stats.gov.cn/ztfx/fxbg/200205/t2002053_14092.html.

的重要条件。与此同时，进入21世纪之后，各种国际经济因素也随着国际资本流动和产业国际转移，通过一系列的传动机制，影响着国内的剩余劳动力转移进程。例如，进入21世纪之后，随着国际产业分工的发展，承接跨国公司的产业转移，各种加工业向包括中国等其他国家的转移，带动了包括中国在内的一些发展中国家的工业化进程，使得成千上万的农村剩余劳动力转移有了方向。所以，继续依靠加快推进本国的工业化进程，并积极主动承接国外因为经济和成本因素而不具备经济竞争力的相对先进的产业，转移到国内来，可以为国内的农业剩余劳动力提供更多的就业机会。

（2）宽松的制度和政策环境是农业剩余劳动力转移的必要条件。

从中国农业劳动力转移的历史来看，劳动力转移管制措施宽松的时期，也是中国农业剩余劳动力能够快速向非农领域转移的时期。20世纪80年代关于放松劳动力转移的各项政策和措施更加是极大地促进了农业剩余劳动力通过就地转移或者异地转移的方式流入了非农业领域，中国的经济增长也因此而获益颇多。在20世纪60年代实施的严格的计划转移农业劳动力的做法，严重限制了劳动力的转移，对中国的工业化和城镇化的正常进程也造成了严重的负面影响。

虽然中国的劳动力的政策和制度环境有很大的改进，例如2001—2008年，国家就劳动力转移的有关管理规章制度进行了一系列鼓励农村劳动力转移的调整。2001年，清理整顿进城务工人员的收费，除证书工本费之外，其他事业性收费一律取消；2003年，将进城务工人员纳入保险范围，明确流入地政府负责进城务工人员的义务教育工作；2006年提出解决进城务工人员的工资偏低和拖欠问题；2008年提出促进进城务工人员就业的6项措施，尽管有这些努力，在现实中对农业剩余劳动力转移的实际限制仍然比较多，例如，一些东部地区通过户籍制度对劳动力的经济和教育资源的获取进行严格的限制。这种限制是一种地方保护主义的措施，它影响了资源自由配置，使得资源在一些低效率部门得以沉淀，劳动力无法自由流动降低了经济资源的整体配置效率。

（3）劳动力的转移是一个动态的过程，而不是孤立的、静止的过程。

随着时间的推移、国内外宏观经济形式的变化，其阶段性内也表现出任务不一样的变化，这种变化过程，体现出来的就是劳动力转移的规律性问题，这种规律是不以人的意志为转移的。从目前劳动力转移的过程来看，劳动力转移经历了计划性转移到自发性转移，自发性转移又经历了从就地转移到异地转移的过程。这些转移过程都有其自身内在的逻辑性。在中华人民共和国成立之后，由于物质产品的极端匮乏和需求之间的强烈反差，在宏观经济上，国家采取计划形式的经济管理体制，由此也导致了劳动力转移的计划管理体制，这种计划转移与当时的社会经济发展状态是相吻合的。在改革开放之后，由于经济管制的放开，农业剩余劳动力对于异地生活的特点、文化和状况还不熟悉，因此，劳动力只能在本地熟悉的地方就业，是从农村到农村的转移。由于在本地就业的过程中，农业转移劳动力的视野得到扩大，他们与外界的经济联系增加了，知识和能力在与外界不断交往的过程中得到了提升和拓展，劳动力的创新能力、积极性、主动性和能动性都得到不断强化，劳动者的人力资本在就地转移的过程中得到了提升，能力大增的劳动力往异地转移才成为可能。由此在 21 世纪初，劳动力的异地转移才成为劳动力转移的主要形式，就地转移的模式从 1978 年开始到 1992 年势微经历了接近 15 年。这中间体现的事物发展的规律，从简单到复杂，从一般到普遍。在中国剩余劳动力还没有彻底转移完成之前，中国的劳动力转移将继续下去，中国劳动力的转移还将升华。并且由于国与国之间经济联系的增加，国际因素也将逐步渗透到国内的劳动力转移中来，因此，对中国劳动力转移问题中的新问题、新形式，在研究领域中，研究者必须进行前瞻性的把握。

（4）农业剩余劳动力的转移过程往往需要土地政策的调整。

在 1949 年前，由于土地的私有性质，农业剩余劳动力转移到工业领域之后，农村的土地出现了集中和兼并的过程。并且甚至土地兼并和集中就是农民转移到城市去的理由，因为农民已经一无所有了，除了到城市中去谋生就没有别的办法了。转移出去的农民失去土地之后，不存在对土地的任何依恋而彻底开始向市民转化。1949 年后，中国实施的土地国有的制度，农民只拥有土地的使用权，农民在工业领域就业和转移的过程中，在农村地区的土地所有权和使用权并没有消失，这造成了转移农民转移的不彻底，在心理上和土地还保持着依恋的关系，想着“落叶归根”。这种状况，从农村大的范围来看，土地被分割得非常严重，不利于土地的集中和规模化经营。从国外的经验来看，美国的劳动力转移的过程是伴随着土地规模化经营的。因此，要在工业化进程中实现农业资源的优化配置，需要根据本国的国情，根据本国的资源禀赋状况来进行土地政策的调整，推进土地使用权市场的发育和户籍制度改革，使转移出来的劳动者的耕地向种田能手集中，实现农业的规模经营和企业化经营。

（三）国内外研究的评价

从前面对国内外农业劳动力转移的研究来看，国内外农业劳动力转移的研究具有如下一些特点：

（1）各个研究理论从自身的立足点来看，都具有一定的合理性，但是也存在许多的缺陷，因此，既希望依靠某一种理论来对农业劳动力转移的规律形成清晰的认识，可能会犯“盲人摸象”的错误。

农业劳动力转移是一个比较复杂的现象，既包括宏观层面上，需要在研究路径中把农业劳动力的转移放在经济发展的整体进程中来考察，也需要把农业劳动力的转移放在工业化、城镇化等结构转化中来研究，同时，也需要在微观层面上，对劳动力转移的主体——个人或者家庭的转移决策进行系统的分析。农业劳动力的转移是宏观经济环境和微观个体独立运动与相互交织作用和影响的结果。只有从微观和宏观总体上对农业劳动力转移进行把握，才可以真正认识到农业劳动力转移的基本规律，在实践中，才不会被某一种理论所束缚，看不清楚事情发展的本来面目。

事实上，在拉丁美洲，以托达罗模型和理论为指导的农业劳动转移，并没有持续地对本地区经济带来增长，大量农业剩余人口转移到城市中去，形成过度城市化，造成大量的城市贫困，贫富差距加大，严重的发展不均衡，居民生活条件恶化，当地的社会动荡也不断加剧。所以说，依靠单一的农业劳动力转移理论来指导农业剩余劳动力的转移不是一件可行的事情。农业剩余劳动力转移是多种因素共同作用的结果，在实践中，以单一劳动力转移模型来指导，其效果往往也不尽如人意。这些都要求我们对理论模型要采取批判的态度，取其精华，去其糟粕。

（2）国内外农业剩余劳动力研究中存在许多的假设条件，这些假设条件往往是研究领域的纰漏。

作为一种理论构建，为了消除若干变量的干扰，因而需要对这些变量进行屏蔽。这种做法造成，一方面要进行一些必要的假设，另一方面，这些假设减低了模型在现实世界上的实用性问题。而且每个国家的国情不同，经济基础和资源地理禀赋条件也不一样，剩余劳动力的现状和表现形式也不相同。虽然，我们不能否认劳动力转移过程中有某些具有共性的部分，但是各国劳动力转移的实践证明了，通过简单的假设来构建一个放之四海皆准的在各个国家中都可行的模型显而易见是不现实的，因此，并不存在一个普遍适用于所有国家的并能够解决所有国家剩余劳动力问题的通用方案。

从其他国家剩余劳动力转移实践中总结出来的规律，对于世界上最大的剩余劳动力人口的中国来说，也只具有参考作用。托达罗在评述刘易斯模型时指出，这些理论和模型的某些假说“放到大多数第三世界的经济制度与经济框架中是不现实的”，斯塔克也说，“如果市场和金融制度是完善的和完全的，那么大多数的迁移现象是不会发生的”。① 因此，虽然国内外的各种农业剩余劳动力转移理论从自身的研究视角上为我们认识农业剩余劳动力转移提供了思路。但是，这种理论与现实上存在差距的问题需要我们在实践中有清醒的认识。

正因为如此，借鉴国内外农业剩余劳动力转移的理论，结合中国的国情，分析中国的农业剩余劳动力转移，及其劳动力转移进程中的中国经济发展问题是很有必要的。

（3）从国内外研究的内容来看，很多研究本身并不在聚焦于劳动力转移本身的研究上。

不少的研究并不是把农业剩余劳动力的转移作为研究的对象，农业剩余劳动力转移成为了他们所研究的对象过程中，与他们所关注的研究对象发生关系的、不可缺少的、不可避免的因素加以分析，例如，托达罗的劳动力转移模型本质上是为了阐述经济发展过程中，二元经济如何向一元经济转变，在此过程中，农业剩余劳动力的问题就是一个不可避免，必然涉及的问题，农村剩余劳动力转移只是托罗达二元经济向一元经济研究的一个构成而已。赵显洲②的《中国农业剩余劳动力转移问题研究——以产业结构变动为主线》中，研究的主要内容也是产业结构变动中的农业剩余劳动力转移的演变问题，其核心是为了说明产业结构的变

① 王萍．中国农村剩余劳动力乡城转移问题研究．东北财经大学出版社，2008：27.

② 赵显洲．中国农业剩余劳动力转移问题研究——以产业结构变动为主线．经济科学出版社，2010：17.

动问题。梁鸿等在《人口老龄化与中国农村养老保障制度》一书中，也考察过农业剩余转移劳动力的养老问题，它的重点在于养老的问题。此外，有些研究在研究工业化和城市化的过程中，必不可少地涉及与工业化和城市化不可分割的农业剩余劳动力转移的问题。

在这些研究中，农业剩余劳动力转移并不是作为一个研究的“主角”，而是研究其他问题过程中，对主要研究对象起影响作用的主要变量，是围绕其他主要研究对象服务的。关于农业剩余劳动力与工业化和城镇化之间的关系问题上，究竟是谁作用于谁的问题是个很难回答的问题，因为，农村剩余劳动力与工业化和城镇化之间是相互作用，相互影响和相互制约的。工业化进程之后，农村剩余劳动力转移的动力就缺乏，农村剩余劳动力转移不出来，工业化工程中所必需的人力资本就缺乏。但是，如果能够以农业剩余劳动力为主要线索，把工业化和城镇化等变量作为农业剩余劳动力转移研究对象的影响变量，对农业剩余劳动力转移问题的认识就将是一种新的研究视角，这也是本研究中力图做到的一个尝试。

（4）多学科研究的交叉。

在农业剩余劳动力转移的研究上，学者们刚开始是从经济学、社会学、地理学和心理学等学科领域分别展开，学科之间研究的重点、方法和结论不尽一致。但是随着研究问题的深入，理论研究的不断进步，研究工具的不断创新，促使了相关学科研究中，各学科的不断交叉和综合，出现了许多交叉研究的成果。例如，在农业剩余劳动力转移中的行为主义研究手段，就是综合了新古典学派、结构主义和心理学而成的交叉研究领域。这些交叉研究的成果克服了以前单一学科中研究视角狭小的缺陷，通过科学和合理的多学科研究工具和手段的整合，交叉研究中得出的结论比较中肯，并给人耳目一新的感受。

三、本研究的主要内容

（一）研究的方法和数据来源

本研究将综合运用定量和定性分析的手段来对农村劳动力转移的问题进行分析。

定性分析的手段将立足于文献研究，通过文献分析，以劳动力转移的新特点、新形势、新问题和解决问题的新方法为主要线索，对以往的文献进行提炼，从逻辑发展的角度对劳动力未来的发展趋势进行判断，形成对事情未来发展的大的趋势判定。

在工具上，本书也将运用计量经济学的一些分析工具来分析劳动力转移的一些影响因素变量，以为找到解决劳动力转移出路提供新的线索。

本书数据来源于中国期刊网，各个政府部门的数据发布、网络上通过百度或者谷歌的数据检索。所有数据部分，本书都给出了数据来源。

需要说明的是，我们在进行数据整理过程中，碰到的非常大的困难和棘手的问题有两个：

第一，统计指标发生了变化。在收集收据时，在之前的年份上有某一个指标，在之后的年份上，指标忽然没有连续性，而合并到其他指标项中去了。

第二，即使是同一个指标，在《中国统计年鉴》上也发现在若干年份上缺失。

这种情况造成了我们在数据整理上花费了许多时间而毫无结果。因此也造成我们如果想进行一个长时间的时间序列分析无法进行。

鉴于这种情况，我们决定在数据采用上采用五普和六普上的数据进行劳动力转移特征的对比分析。这种数据对比分析与我们设定关于 2008 年为劳动力转移前后的坐标点并不矛盾。理由如下：

（1）在时间区间上吻合。五普发生的时间是 2000 年，从 1978 年算起，中国的劳动力转移已经进行了 22 年，这个时候，劳动力转移的特征已经比较成熟和清晰了。以 2000 年中国劳动力转移的特征来反映 2008 年之前的劳动力事件，是合理的。而六普发生的时间是 2010 年，从 2008 年开始，新的阶段已经进行了 2 年了，这个新生事物也开始崭露头角，成为可以研究的对象了。因此在时间上没有问题。

（2）在抽样学上是合理的。从抽样的角度讲，以 2000 年和 2010 年两个时间点来反映 2008 年之前和之后的中国劳动力转移的情况，相当于分别在 2000 年和 2010 年进行了 2 次典型抽样。用典型抽样这种解剖麻雀的方式来分析情况，进而对总体发生的事件进行描述，在统计学上是合理的。

（3）权威性不容置疑。因为采取的是 2000 年和 2010 年的全国人口普查数据，并且得到相关部门的授权发布，这个数据的权威性不容怀疑，可以成为我们进行分析的起点，可以避免我们研究中结论的中肯性。

（二）研究的主要内容

劳动力转移的问题，它不是一个孤立的问题，以劳动力转移新模式为研究的主题并不可能单纯的就劳动力的转移来研究劳动力的转移。

劳动力是连接农业和工业、城市和乡村的载体。劳动力的转移必然与工业、农业、城市和乡村相联系，劳动力转移是与社会经济其他变量相互作用和耦合的过程中实现嬗变的。产业结构、城市发展、经济发展模式、性质和进程等方面必然对劳动力的转移产生影响，有时对劳动力的转移构成约束或者提供环境。同时，劳动力转移的演进也会对外在的环境构成影响而形成新的环境。因此，对劳动力转移的研究脱离不了对其他经济变量的分析，以及分析劳动力与其他经济变量相互作用的过程分析，只有把握了劳动力与其他变量相互作用的原理和机制，才能深刻地把握劳动力转移的规律。

因此，本研究的内容主要分为三个构成部分，第一个部分是劳动力转移外在环境的变化研究，第二个部分是劳动力转移自身特征的分析，第三个部分是劳动力转移与一些相关变量的相互影响分析。整体的结构部分可以用图 1-3 的框架表达出来。

从图 1-3 的框架图中，本书的构成有五个部分，分别构成五个章节。

第一章，主要阐述中国劳动力转移新模式的内涵和一些基础概念，通过对国内外劳动力转移研究的文献分析和梳理，来为整体中国劳动力转移提供理论基础和分析框架。

第二章，着重阐述中国劳动力转移过程中劳动力转移的外部环境条件的状态变化。

第三章，分析 2008 年为界限的中国劳动力转移中，前后的各种特征状态变化。

第四章，分析中国劳动力转移面临的问题和障碍，通过劳动力转移变量和相关变量的分析，得出中国劳动力转移面临的困难和障碍问题。

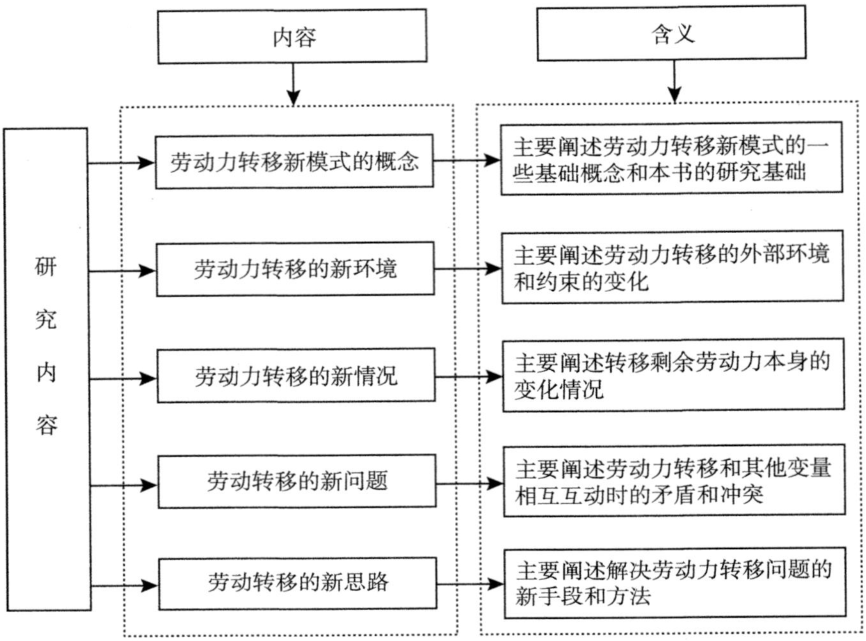

图 1-3　中国劳动力转移新模式研究的内容框架图

第五章，在前面分析的基础上，对中国劳动力转移进行全面总结，进而提出中国劳动力转移问题解决办法的新的办法和思路，为理论工作者对相关研究提供一些线索，并为实践工作者提供一些有益的参考。

四、研究的意义

应该说，现代化是人类社会共同追求的目标。在 1954 年，中国政府提出了要把中国建设成为“一个强大的社会主义现代化的工业国家”，中国政府把实现国家的现代化作为中国的发展目标。在随后近 70 年的社会建设中，特别是改革开放后 40 多年的发展，中国的各项社会事业取得了显著的进步，劳动力转移事业也取得一系列成果。

据统计，“十五”期间，全国进城务工人员数量每年增加 600 万~800 万人。2003 年农村劳动力外出务工数量为 1. 1 亿，比 2002 年增长 8. 6%；2004 年为 1. 2

亿，比2003年增长3.8%。①。虽然有这些成果，但是中国的劳动力转移任务远远没有完成。中国目前农村约1.5亿富余劳动力，随着20世纪80年代生育高峰出生的人口进入劳动年龄，劳动力供给总量还会进一步增加。②

因此，以劳动力转移新模式为线索来对劳动力转移进行研究，发现新形势下劳动力转移面临的约束和困难，寻求到解决问题的新方法，并对实践有指导作用，是有重要的理论和实践意义的，表现在：

（1）改革开放进行的40多年，也是中国劳动力转移的40多年，但是中国的劳动力转移的任务依然没有完成，还需要在理论上对中国以往的劳动力转移的经验进行系统总结，为实践工作提供参考和指导。

改革开放40年来，中国的劳动力转移取得了较大的成就。在20世纪80年代，随着中国乡镇企业的崛起，大量的农村劳动力发生了就地转移，直接进入乡镇企业就业，“离土不离乡，进厂不进城”。至1998年乡镇企业从业人员12537万人，比1978年的2827万人增加3.4倍，改革开放以来的1亿多农村剩余劳动力在乡镇企业中解决了就业的问题。③ 这种劳动力转移的模式带来了很多的“农村病”。例如，环境污染，土地浪费等外部不经济的问题。并且随着80年代末期乡镇企业经营效益的滑坡，乡镇企业吸纳劳动力能力的减弱，大规模的、跨区域的、异地劳动力转移逐渐成为了劳动力转移的主流。但是异地劳动力转移对城市造成了较大的冲击，表现在：造成城市住房紧张、就业压力大、城市治安混乱等，并且大规模的人口流动带来铁路运输的紧张局面。

虽然国家为了解决劳动力异地转移的过程中，推进了许多的政策措施，例如，加强对劳动力的培训，提升劳动力的素质；对劳动力转移的户籍管理制度也有所放松等，但是，专家预计，在农村现有的生产力水平和生产规模条件下，中国农村只能为1.5亿劳动力提供就业机会。也就是说，在中国4.98亿农村劳动力中，有近3.5亿属于剩余劳动力，除了已经进入乡镇企业、非农产业和大中城

---

① 国务院研究室课题组．中国农民工调研报告．中国言实出版社，2006：3，69，79.

② 边保全．农村剩余劳动力转移的前景、成因及其对策探讨．农业经济，2010（2）：82.

③ 国家统计局．新中国50年系列分析报告之六：乡镇企业异军突起，http：//www.stats.gov.cn/tjfx/ztfx/xzgwsnxlfxbg/t20020605_ 21423.htm，1999-09-18.

市打工的2.3亿人外，还有1.2亿劳动力处于绝对失业状态，目前仍滞留在农村①。

所以，中国的劳动力的转移的任务还是很重。对中国以往劳动力转移的经验和教训进行总结，有利于未来的劳动力转移的过程中少犯错误，有利于推动中国的劳动力转移平稳和顺利进行。而且，对劳动力转移的经验和教训进行系统和科学的总结，本事也是科学认识的基本要求。

（2）经过70多年的社会经济发展，中国社会已经发生了翻天覆地的变化。

劳动力转移的状况和启示条件以及完全不同于70多年前了。改革开放40多年了，这40多年来，中国经济的状态也与改革开放初期的状态有着天壤之别。中国的经济发展走到了一个新的十字路口，需要选择新的方向。中国的劳动力转移也面临着新的问题、新的目标和新的约束，中国的国情和世界经济形式在这70年间发生了翻天覆地的变化，需要与时俱进地对未来劳动力如何进行转移进行前瞻性分析。

1978年，中国的人均GDP不足100美元，2010年，中国的人均GDP超过了2000美元，到2014年，按照购买力评价体系计算出的中国的人均GDP达到了5000美元，中国2010年GDP在世界上的排名超过日本成为世界上第二大经济体。这一奇迹的创造，是制度变革的结果，也是经济转型的结果。发展必然引起经济体质的变革，变革带来经济发展的转型。

中国奇迹发生的过程，是经济形态从计划经济向市场经济转型的过程，也是社会形态从农业社会向工业社会乃至信息社会转型的过程。体制变革和经济发展相互促进，协同发展才可以促进经济持续向更高层次提升。劳动力的转移也需要面对新形势进行提升。但是，在进入2010年之后，随着国内外经济形势的变化和中国劳动力转移过程中过去长期深层次矛盾的积累，已经到了中国的劳动力转移必须进行嬗变的阶段了。中国劳动力面临的新形势简单来说，包括如下方面：

①从国内来看，中国推动经济高速增长的制度因素、体制动力、人口红利和政策导向出现效力递减，中国必须寻找新的动力以实现经济的长期可持续发展。在1980年开始实施的中国人口计划生育政策改变了中国的人口生育模式，使得

① 宋林霖，孙宝民，李歆丽．农村剩余劳动力转移——政府的职责．中国农业会计，1996-12-16.

中国从“高增长率，高死亡率”的人口生育模式向“低死亡率，低出生率”的人口生育模式转变了。生育模式的变化带来了中国人口结构的变化，中国当前的老龄化开始比较严重了。中国的劳动力数量开始呈现下降的趋势，中国人口红利效应开始削弱。中国的人均 GDP 已达到突破 3000 美元的重要关口，从国际上的历史来看，这既是经济结构步入调整的关键时期，也是社会矛盾步入高发期的关键时期，中国必须推动经济社会的全面转型来适应新形势的需要，中国经济要从依靠出口转变为依靠国内消费来拉动经济的阶段了。中国会不会陷入拉美国家所谓的“中等收入陷阱”，这是一个需要在理论和实践中深刻研究的一个课题。

②从国际环境来看，始于 2008 年的全球性金融危机给中国原有的经济发展模式造成巨大冲击，中国通过外需来带动经济发展的模式受到很大的挑战，中国的外贸更是从二十来年的贸易顺差在 2010 年 3 月开始变成了贸易逆差①。中国依靠外贸来带动国内就业进而促进劳动力转移的时代随着外部需求环境的变化而不再存在。中国必须从内需层面挖掘推动经济增长的动力，并通过内部需求的增长来进一步推动中国的劳动力转移，把劳动力的数量优势变成质量优势。中国当前的乡村振兴战略，在上海设立进口商品博览会，都是在通过把传统的外贸促进经济的思路转变为依靠内需和消费来促进经济增长的思路。

③随着经济全球化，国外的各种财政和金融危机往往通过外汇、金融等相关变量传导到中国国内来，对国内劳动力的转移的环境产生影响。例如，美国频频通过各种场合要求人民币汇率升值。国内贸易部通过外贸企业的压力测试后认为，如果中国人民币汇率继续上升 2 个百分点，中国的产品将彻底丧失竞争力，则中国的外贸企业面临着停产的危险，这对在外贸领域就业的进城务工人员而言，影响将是巨大的。同时，全球气候变化以及随之而来的国际碳政治博弈进一步加剧了中国面临的资源能源环境压力和经济转型压力，中国必须走一条不同于发达国家的经济发展道路和能源之路。这种人口、资源和环境的压力构成了新时期中国剩余劳动力转移的重要约束条件。正所谓树欲静而风不止，国际上的各种金融和社会危机通过各种变量传到国内，形成外部溢入效应，影响着国内企业的生产和经营环境，进而对劳动力转移的状态造成影响。

---

① 胡笑红，钱卫华．外贸近六年首现月度逆差 经济企稳带动进口增长．京华时报，2010-04-11.

上文论及的中国剩余劳动力转移的新的环境，是中国农业剩余劳动力的转移的新的约束，它不同于传统的封闭体系下的劳动力转移。当今的劳动力转移在某些方面已经是劳动力国际大分工的一个组成部分，并且在很多情况下，服务于劳动力的国际大分工。忽视这个因素，劳动力的转移不可能取得圆满的成功。这个新的趋势，对劳动力的转移是一个挑战，需要进行前瞻性的研究。因此，以劳动力转移新模式的研究有助于全面把握中国农业剩余劳动力转移的变动趋势及可能的社会经济影响。

（3）对劳动力转移的研究也是和谐社会理论建设的一个组成部分。

经过 40 多年的改革开放，中国的经济发展已经从单纯的经济增长战略发展到了经济社会全面发展战略的阶段。进入 2010 年以来，由于国内外环境的变化，国家把转变经济发展方式提高到了前所未有的战略高度。

1949 年以来，中国的发展战略已经经历了三个阶段。

第一阶段是 1950—1977 年计划经济时期的重工业优先和赶超战略；

第二阶段是 1978—2001 年经济转轨时期的加快经济发展和不平衡发展战略；

第三阶段是 2002 年至今新时期科学发展观指导下的经济社会全面发展战略。科学发展观指导下经济社会全面发展战略强调“以人为本”，“全面、协调、可持续发展”，促进经济社会和人的全面发展，按照“统筹城乡发展、统筹区域发展、统筹经济社会发展、统筹人与自然和谐发展、统筹国内发展和对外开放”的要求推进各项事业的改革和发展。2007 年，党的十七大报告中，将“转变经济增长方式”改为更广泛的“转变经济发展方式”。

将劳动力从农业领域转移到工业领域，是提高中国人均收入水平的重要途径，是实现国家现代化和促进社会全部进步的重要指标与途径。也是解决中国“三农问题”的重要出路。只有实现劳动力平稳和顺利地转移，城乡统筹发展的目标才可以实现，中国二元经济结构一元化的目标才可以成为现实。劳动力顺利转移出去，城乡一体化，城乡收入差距日益，城乡社会才能够实现和谐和共同进步。因此，在中国劳动力转移的任务任重道远之时，加强对劳动力转移的理论研究，也是建设和谐社会的一个重要组成部分，并且，前瞻性的研究也是实践的重要指导。

（4）中国的劳动力转移到现在，已经从量变到了质变的阶段，需要对中国过去的劳动力转移进行系统性梳理，对未来的发展进行前瞻性意义。

中国经济过去 40 多年的高速发展进程，从某种意义上讲，是通过大量劳动、资本和资源的投入来完成的。这种高速发展有积极的意义，就是使得中国的 GDP 快速增长，并在 2010 年成为世界第二大经济体，取得了举世瞩目的成就。但是另一个方面，中国经济的高速发展也引发了一系列的问题，例如，环境污染问题、经济结构比例失调问题、人口快速老龄化问题等一系列国民经济的深层次问题。这种经济发展，从某种意义上讲，是不可以持续的，原有的外放性、粗放型的经济增长模式要转换到经济增长的质量提高上来，中国的工业化过去是推动劳动力转移的重要动力，中国的工业化也需要进行工业化质量的提升，要进行产业升级，这些都对劳动力转移提出了新的要求。展望这些变化，使得我们深刻地意识到中国的劳动力转移面临着新的环境，需要进行新的规划，才可以有新的突破，进而实现劳动力转移的新模式问题，但是这种新模式的内涵和外延，在理论和实践中都鲜有人涉及，因此，本研究的主题在理论和实践上都具有意义。

第二章　中国劳动力转移的新环境

一、劳动力转移新环境的含义

劳动力转移作为一个研究对象和经济学意义上的变量，它不是虚无主义的空中楼阁，而是存在于现实中的，并且受到现实中各种其他因素的约束。这些现实中的约束变量对劳动力转移起到促进演化或者约束的作用，它们构成了劳动力转移的状态环境，成为劳动力转移持续演化的基础条件。没有这些状态环境，劳动力转移本身就是一个不真实的孤立变量，劳动力的演化就无法从现实世界中吸收物质、信息和能量，从而演进到一个更高的层次上去。

在本研究中，我们把影响和制约劳动力发展约束或者促进演化的状态变量称作劳动力转移的环境。按照绪论中对有关新旧的定义，中国劳动力转移的新环境指的是按照绪论中的时间节点定义，即以 2008 年为界限，1978 年至 2008 年中国劳动力转移的环境是旧环境，2008 年之后的中国劳动力转移的环境是新环境。

2008 年的时间节点不仅仅意味着劳动力转移本身在发生质变，对劳动力转移问题的解决方法需要采取新思路，也意味着劳动力转移的环境发生了变化。这种劳动力转移前后环境之间的变化是特征迥异的。通过对环境的比较分析，我们可以清楚认识劳动力转移的条件，环境迁移对劳动力转移的环境约束。通过环境分析，我们可以更好地认识劳动力转移本身在新形势下可能的特征，从而为新环境下中国劳动力转移出现的问题有前瞻性的思考，为中国劳动力转移的决策提供参考思路，这些都是具有理论和实际政策指导意义的。

那么，劳动力转移的环境变量有哪些呢？

事实上，我们几乎可以说只要是社会经济变量，就会对劳动力转移产生影响，从而成为劳动力转移的环境。例如，心理学上的心理选择，生理学趋利避害的选择等看似毫不相干的事件变量都可能成为影响劳动力转移的因素。但是如果我们面面俱到地把社会经济所有的变量都考虑进去，作为劳动力转移的环境变量，以此来分析劳动力转移形势的变化，则是一件力所不逮的事情。在所有对劳动力转移产生影响的变量中，有些变量对劳动力转移的影响是直接的，有些是间接的；有些变量对劳动力转移的影响很大，有些影响甚微；还有些变量影响劳动力转移中的个体，有些影响劳动力转移的整体群体。如此庞大的变量群使得我们不可能把这么多的变量全部选择作为劳动力转移的环境变量，我们必须对影响劳动力转移的变量进行甄别，从而构成本章研究的基础，否则，本章将成为大杂烩而无法准确描述出劳动力转移演进中所受到的真实约束。

作为一个基本的准则，我们认为只有在经济学上那些对劳动力转移具有直接、重大影响的变量才可以构成劳动力转移的环境变量，因为它们的影响大，关联度广。离开了这些重要变量，劳动力转移将根本无法进行。而那些次要的、对劳动力转移影响小的变量，例如心理学、行为学上的变量，在本研究中将不予考虑。对于劳动力转移的关联因素，我们认为，工业化程度、城镇化水平、信息化程度、社会政策状态这四个变量是我们的考察因素，其中社会政策状态包括土地的流转制度、户籍制度、住房制度、医疗制度、社会保障制度等一系列社会政策制度等。正是这些变量在不同的维度上对劳动力转移提供着支撑环境，形成劳动力转移的环境。所谓劳动力转移的环境分析，就是分析这些变量在本书中谈及的关键质变点 2008 年前后的变化过程，通过对比分析，让人们清楚认识中国的劳动力转移的环境发生了什么变化，进而对未来的发展趋势有前瞻性的考虑，为本书的后续研究提供基础。

劳动力转移环境的结构框架见图 2-1。

在劳动力转移环境结构框架中，各个因素对劳动力转移的功能是不同的。

简述如下：

（1）工业化变量的主要作用是为劳动力转移提供就业的岗位。

（2）城镇化变量的主要作用是为劳动力转移提供生存的空间容器。

（3）技术和信息化变量的主要作用是为劳动力转移提供自我提升的机会。

（4）社会政策变量的主要作用是起到劳动力转移的社会支撑功能。

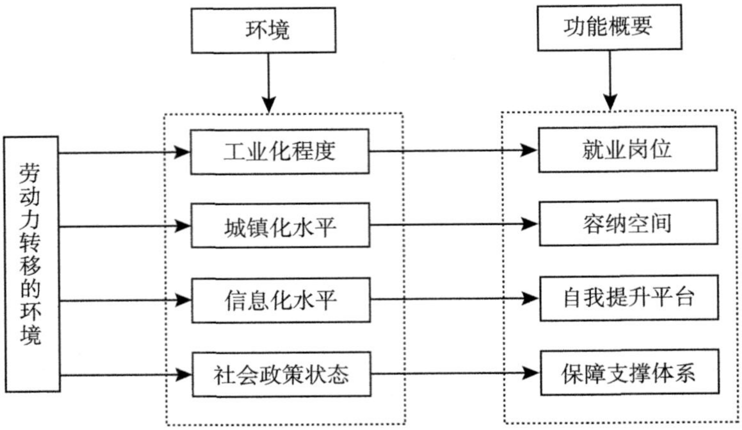

图 2-1　劳动力转移的环境变量框架图

上述分析构成了本章劳动力转移新环境的研究基础。

接下来，我们将在图 2-1 环境变量框架图的基础上，分别分析劳动力转移环境变量的功能以及在新旧态势下各个环境变量的变化和演进情况，从而为劳动力转移本身的演进分析打下理论基础。通过上述框架，也可以为未来劳动力转移的态势提供前瞻性的研究分析线索。因此，对劳动力转移环境的研究一方面是劳动力转移状态特征分析的基础，另一方面也是探索劳动力转移问题解决方案的线索。

二、中国劳动力转移工业化的状态环境分析

（一）工业化在劳动力转移中的功能

工业化是工业产值和工业领域从业人口在总国民产值或者总从业人口中的比值不断增加的一个过程。工业在国民经济中的比重越大，相对而言，能够容纳的劳动就业人口就越多。工业相比于农业能够容纳更多的劳动就业人口是由工业的生产效率和报酬率决定的。农业方面，农作物的生产周期很长，短期的一般在 3~6 个月，长期的甚至达到几年。而且农业的生物生长有自己的周期规律，不是

多投入劳动就可以改变的。同时，农业领域的边际投入递减规律的存在，也使得农业领域劳动力的不断投入最终会变成无效劳动。如果没有种植面积规模以及机械化生产上的优势，农业的生产效率和报酬率远远无法和工业领域相比。总体上看，依靠农业本身来吸收农业剩余劳动，在世界范围内都不是一个普遍现象。农业剩余之所以存在也是因为相对于农业与工业的效率对比而言，农业劳动力的剩余。农业剩余劳动力无法通过农业本身来吸纳。正是这个原因，工业化在农业剩余劳动力转移中发挥着重要的作用。工业化在劳动力转移中的功能表现在：

（1）工业化不仅仅是工业部门的扩展，工业化提供的是一个容器，能够容纳更多的就业，它是转移劳动力的就业载体。

对农业剩余转移劳动力的个体而言，工业的功能在于工业是劳动力转移的就业载体。对劳动力转移的群体而言，转移劳动力就业规模是由工业化程度来决定的。工业化程度低的经济体，工业的就业岗位有限，即使想容纳更多的农业剩余人口到工业领域就业也不可能。相对而言，工业化程度高的经济体，才有可能吸纳较多的农业剩余劳动人口。一个高度发达的工业生产体系，对劳动力数量的要求就高，需要更多的人从事工业生产体系的操作和劳动，造成吸纳就业的大的容量。中国自 1954 年以来，就在积极地进行工业化工作，“一五”计划就制订了中国的重工业发展的计划。到目前为止，中国已经建立了部门完备的工业化生产体系，这个体系为吸纳中国的剩余劳动力作出了重大的贡献。

（2）工业化是转移劳动力新的人生体念的转折点，在这个进程中，转移劳动力个体的人生体念将进入一个新的、前所未有的境地。工业化的生产过程不同于农业的生产过程。农业的生产过程中，劳动力劳动的提供可以是懒散的，甚至是随机的，而且农业劳动的低效率过程有时甚至对农作物的生长过程不是核心影响因素。而工业化生产则不同，工业化生产是一个高度纪律性和组织性的工作，需要劳动者聚精会神、一丝不苟。剩余农业劳动力从农业生产活动转入工业生产活动，是对自身成长的一次历练和升华。从慵懒的农业生产转入精细化、纪律化的工业生产过程中，这种思想和思维的转变，是人生的一次思想和经历的转变。长期高度纪律性和组织性的生产活动会对人的习惯造成影响，对人的认识问题和思考问题的方式造成影响。人的认识问题和思考问题的能力也将在这个转变中得到锻炼，并进而获得对社会的新认识。这些认识和转变过程都将沉淀为人的人力资本，并为以后新的人生目标和任务打下基础。

（3）工业化是其他社会经济生活的基础。一个国家最重要的生产能力是工业化生产能力。尽管在全球化的过程中，国际上的分工使得国家之间有工业化国家、金融化国家和资源性国家的区分。一个国家应获得不受其他国家限制的经济安全，独立自主的工业化国家属于自由度最大的国家，不受其他国家的影响而可以按照自己国家的发展状态制定独立的经济政策。对于金融化国家而言，如果没有工业为依托，金融的发展将会产生巨大的波动，进而造成国家经济发展的波动，经济的波动会对就业造成影响。而工业化国家，工业的扩展和精细化会使对就业的吸纳持续下去。同时，工业化可以提供给转移劳动力一个相对高的人力资本报酬率。这本身也是农业剩余劳动愿意转移的原因，相对优厚的劳动报酬可以让劳动者得到相对舒适的生活。

（二）2008 年前中国工业化的特点

中国的工业化开展得比较早，1954 年“一五计划”就把工业化作为中国经济发展的重点。这时期，中国工业化的一个重要特点就是计划经济体制，把重工业作为优先发展目标。重工业优先发展加上计划经济体制的发展组合模式优点非常明显，它可以让国家迅速地集中全国的人力和物质资源，建设形成了一个部门体系相对完备的工业生产体系。但是，这种工业部门体系的缺陷也是非常明显的，由于发展的阶段问题，中国的工业体系是产业部类大而全，大而不精，生产效率低下。重工业优先发展，造成轻工业发展速度缓慢，国民经济发展中轻工业和重工业发展结构不平衡，重工业发展依靠对农业的剪刀差来维持原始的积累，牺牲了农业的发展，轻工业生产的薄弱造成与民生有关产品的严重短缺。工业体系中的这种状况为广大人民群众所诟病，对工业进行改革成为了社会的呼声。

在 1978 年、党的十一届三中全会召开，会议确立了中国进行改革开放，以经济建设为中心的中国社会经济发展的战略思路。1978 年到 2003 年期间，中国在长期的实践中逐步确立了从计划经济往社会主义市场经济体制转变的改革思路，这些社会变革政策的确立，让中国的工业发生了翻天覆地的变化。

按照时间的先后顺序以及适当参考产业演进的基本规律，我们把 1978—2008 年中国工业化过程分为两个阶段。第一个阶段是 1978—1992 年开始的双轨制工业化时期，第二个时期是1992—2008年社会主义市场经济时期。下面分别进行详细论述。

1. 1978—1992年的双轨制工业化时期

中国1978—1992年工业化的过程并不是从天而降的，它是1978年之前的工业化的结果。中国1978年的工业化过程是在过去30年工业化积累的基础上形成的，1949—1978年中国工业化的积累结果构成了新的改革开放的起点和初始条件。

在1978年之前，中国的工业化战略实行的是重工业优先的赶超发展战略，在管理体制上，实行的是计划经济体制。这种工业化发展实践造成了许多弊端，重工业在国民经济中的比重过重，轻工业在国民经济中的比重过轻，造成生活资料产品在中国的短缺。社会轻工业产品的供给需要排队和按照票据供应，粮食供应需要依靠粮票，布匹供应依靠布票，白糖的供应依靠糖票等。轻工业生产的产品无法满足广大群众日益增长的物质和文化生活的需要。对工业现状进行改革的呼声渐起。在这种背景下，1978年年底党的十一届三中全会通过了对社会经济进行改革开放的总体政策目标。

1978年，中国在农村地区实施了家庭联产承包责任制，这种农业生产经营体制迅速地激发出农业生产领域的活力，极大地调动了广大农民的生产积极性和主动性，农业领域过去长期发展缓慢的局面得到了改变。更加重要的是，农村家庭联产承包责任制的实施所造成的农业产出的高效率产生了大量的农产品剩余，过去工业生产领域一直受制于农产品加工原料不足的问题得到了改变，工业领域的生产不再为农产品原料不足而受到限制。政府也在改革开放的思维下，对过去限制民营企业发展的规章制度进行了摒弃和调整。乡镇企业在这个过程中，异军突起，成为吸纳农业效率提高造成的农业剩余人口的吸纳池。农业剩余流动人口在非农领域的就业增加了农民的收入，这些收入又为农业和工业进行发展提供了原始的资金，一个良性循环开始形成了。广大的农业剩余人口离土不离乡，在离开本乡土不远的地方实现了就近的转移。

工业的乡镇企业化的好处是：促进了当地经济的发展；由于生产的产品主要是轻工业产品，这些产品改善了人民的生活水平；增加了就业；距离原材料地很近。但是其缺点也是显而易见的，即非集约性。乡镇企业在农村地区遍地开花，碎片式发展。这种碎片式发展距离原材料很近，但是距离市场——城市的距离很远。同时因为碎片化的特点，它们没有规模，都属于一些小型的加工业，生产呈现家庭作坊式特点，一般是前店后厂。再加上农村地区环境保护意识的薄弱，乡村工业化造成农村地区大规模的污染发生。这些污染也呈现出地域分散碎片式、零散化的特点，给政府的集中综合治理带来了障碍和困难。

中国乡村工业化是在改革开放政策的鼓励之下，市场自发进行的工业化过程。与此同时，中国传统计划经济下的严格政府管制企业生产的模式依然存在。这样，计划经济和市场经济就同时存在于经济活动之中。乡村工业化是市场自发形成的，就近解决了农村家庭联产承包责任制实施过程造成的剩余农业劳动力的就业问题。而计划经济体制存在于城市的各个国有企业之中，国有企业物资、人员、资金都是通过国家计划指令进行调拨。由于市场生产和计划生产模式的不同，同样的产品，在计划模式下生产出来的价格与市场生产出来的价格存在差异，形成了价格的双轨制。

中国1978—1992年期间的工业化过程，基本上概括起来就是：乡村工业化和价格双轨制，其核心和目标是轻工业的工业化过程。

乡村工业化作为初级的工业化，提供了贴近老百姓生活的很多轻工业品，解决了老百姓日常生活所需，贴近市场，弥补了中国轻工业发展缺欠造成的产品生产能力不足的问题。但是，乡村工业化由于没有统一的技术标准，生产的产品质量在安全性、便利性等方面都存在问题：家庭作坊式的小规模生产方式没办法进入正规的分销渠道，规模较小，很多销售都是通过货郎式方式进行销售；信用不足无法获得正规信贷部门的融资。这些问题导致在1990年前后，很多乡镇企业都陷入了困境，红红火火的乡镇企业在中国工业史上成为了绝唱。

吕政、郭克莎、张其仔将中国这个时期的工业化总结为：第一，在所有制结构上实行的是单一的公有制，限制甚至排斥个体、私有经济的发展；第二，在资源配置方式上实行的是高度集中的计划经济，妨碍了市场作用的发挥；第三，在发展战略上实行的是优先发展重工业的方针；第四，在发展方式上，追求高速度，走的是粗放式发展道路；第五，在工农、城乡关系上，工业依靠农业积累资金，并限制农业和农村劳动力的转移；第六，国际关系上，片面强调自力更生，不重视学习国外的现金技术和管理经验。①

从 1978 年开始到 1992 年为止，中国的工业化基本上上属于轻工业的工业化过程。这期间中国的生产结构是以纺织、食品产业为支柱产业的，1984 年，中国的纺织工业（不含服装）和食品工业的总产值占全部轻工业总产值的 56%。日用机电工业、日用化学工业、造纸工业、杂项制造业的份额较低。② 尽管中国 20 世纪 80 年代后期，耐用消费品工业高速发展，杂项制造业的份额开始上升，总体上 1978—1992 年中国工业化的主要格局就是轻工业大发展的格局。

期间，中国的工业化引发了社会环境的许多变化，表现在：③

第一，20 世纪 80 年代绝大多数年份中中国的轻工业都以超高速发展，1985 年和 1988 年出现两个高峰，增长速度高达 22%，只有个别年份增长速度低于 9%。1979—1989 年轻工业平均增长速度达到 14. 3%。

第二，中国从温饱型的消费形态开始向小康型的消费形态转变。在 20 世纪 80 年代，中国居民纺织品在消费中的份额大幅度下降，而日用品等的份额大幅度上升，生存性的生活必需品的消费份额的比重在下降，传统的手表、自行车、缝纫机作为财富象征开始被新型电器所取代。

第三，中国的居民消费从过去总量严重短缺的状态开始向结构性短缺的状态转变。在 1979 年之前，中国是一个产品短缺社会，居民的各种消费品都要凭票据进行供应。在 20 世纪 80 年代后期，中国乡镇企业的大力发展和兴起，让总量短缺的状态缓和下来，但是各种高质量和高档次的产品呈现出短缺的状态，这个是结构性的短缺。

社会环境的变化，对中国的工业化提出了新的任务和挑战。这些任务和挑战包括：第一，要求中国的工业化从简单的数量扩展向品种扩展实行战略转变，所谓数量扩展向品种扩展是指企业的产品不能简单满足于生产出来，而是要对产品的功能结构等进行系统性规划，不仅仅是满足于使用，从适用、安全、美观等各个方面对产品提出了新的要求。第二，工业化面临着支柱产业的重新选择的问题。纺织、食品工业的轻工业大发展解决了人民群众的衣和食的问题，但是人的

① 吕政，郭克莎，张其仔．论我国传统工业化道路的经验与教训．中国工业经济，2003（1）：48-55.

② 中国国家统计局．中国工业经济统计资料 1919—1984. 中国统计出版社，1985：104.

③ 任纪军．90 年代中国轻工业发展的战略分析．未来与发展，1991：19-23.

需求是多样的，不仅仅有生存上的需求，还有在生存之上的精神上的需求。衣食住行的每一个环节都是需要满足的。因此20世纪80年代以纺织和服装为支柱产业的发展模式需要向住和行的产业结构进行转移，从而重新挑选新的支柱产业。第三，从规模不经济的生产模式向商业化、集团化的紧凑型生产模式转变。乡镇企业“村村冒火，户户点灯”的生产模式尽管距离原材料地很近，但是距离市场较远，同时，缺乏产业之间的协调、分工和配合。因此，需要向专业化、标准化的现代商业、集团化方向组织结构转变。第四，从低技术水平的过度竞争的组织结构向按照比较优势分工的组织结构转变。20世纪80年代的短缺经济让各种乡镇企业有了用武之地，乡镇企业依靠分散的投资、低技术水平能够快速填补市场的空白，但是这种低水平和低技术的生产模式由于没有市场进入壁垒，大量的生产者进入之后，引发了重复建设、同结构化的问题，在短期内就使得生产膨胀并且超过了需求，形成社会资源的浪费。企业为了扩大自己的市场份额，往往采取低价格的竞争，很多企业的生存举步维艰。事实上，在20世纪80年代后期，中国的区域经济已经形成了自己的特色。在沿海地区，已经发展起技术密集型、高附加值的外向型产业。国内的企业需要按照区域分工和布局的要求，按照比较优势的原理进行产业发展的重新布局和规划。

上述转变和目标，要求企业成为社会生产的主体，而不是在计划经济条件之下，按照计划指令进行生产，社会需求已经开始发生变化，计划经济指令已经不能够适应社会发展。其不能够适应经济基础的变化，其本身需要进行一些变革。1978—1992年中国的工业化以轻工业的工业化作为开始，引发了社会生活的各种变化，最终又要求中国的社会制度来适应并且为工业化的进一步发展提供动力。

2. 1992—2008年的中国工业化

中国20世纪80年代以来的价格双轨制引发了计划内和计划外同一种产品两种价格之间的差异。这种价格上的差异也导致了价格实施部门存在着严重的部门利益，机会主义行为开始盛行。同时，价格双轨制的存在对市场是一个重大的排斥，它扭曲了市场信号，生产者和消费者本身要求具有决策权，而价格双轨制事实上是对这种决策权的否定。计划和市场之间应该是什么样的关系，中国的经济发展应该走什么样的路径，引发了社会上广泛的讨论。

在 1992 年，在党的第十四大正式宣布，中国经济体制改革的目标是建立社会主义市场经济体制，要使市场在社会主义国家宏观调控下对资源配置起基础性作用。这标志着中国经济体制的根本变革有了明确的目标。中国的计划经济与市场经济并存的双轨制开始转移到社会主义市场经济体制上来。这构成了中国 1992 年之后工业化的宏观背景，这个宏观背景的变化使中国的劳动力的转移产生了截然不同的变化。

1978—1992 年中国的工业化是以食品和纺织为支柱产业的轻工业工业化的过程。在 1992—2008 年，随着计划经济体制向社会主义市场经济体制转型，中国的工业化开始了一个全新的过程。这个过程大致以中国加入世界贸易组织为分割点分为两个时期，一个时期是 1992—2001 年，这是中国加入世界贸易组织之前的工业化时期。另一个时期是 2001—2008 年中国加入世界贸易组织之后的工业化时期。这种划分的主要原因在于，2001 年之前，中国还处于世界贸易组织之外，中国的工业化更多的是基于国内的消费需求，主要是为国内提供产品，而 2001 年加入世界贸易组织之后，中国不仅仅为国内提供产品，同时为世界提供产品，变成了“世界工厂”。这个差别太大了，前后工业化的内涵和构成也不一样，服务对象也不同，因此有必要对中国 1992—2008 年的工业化过程以 2001 年为界限分别进行论述。

（1）1992—2001 年中国的工业化。

1992—2001 年中国的工业化过程可以概括为：制造业服务国内需求的工业化阶段。

随着 1992 年正式确立走社会主义市场经济的道路，中国开始从过去计划经济的形态向社会主义市场经济形态转型。在 1993 年前后，中国开始取消各种票据，最开始是取消副食、布票等生活资料票据，最后是粮票。1994 年粮票取消，中国从 20 世纪 50 年代就开始的各种票据供应在老百姓的生活中不复存在。各种计划经济的管理形式开始让位给市场自身按照供求关系进行自我调节的方式。

围绕着社会主义市场经济体制的建立，国家提高了非公有制经济的地位，形成了公有制为主体，多种经济成分共同发展的格局。在国有企业管理上，开始按照产权清晰、债权明确、政企分开和管理科学的要求进行现代企业制度的改革，让国有企业参与市场和竞争。在收入分配制度上，坚持效率有限，兼顾公平的原则。同时，通过发展商品市场、劳动力市场、资本市场、技术市场等各个市场，初步建立起了商品经济的市场体系。计划经济管理手段让位给市场的调节，生产的目的在于满足市场自身的需求。进入20世纪90年代之后，市场的需求也发生了重大的变化，这种变化为中国制造业的发展提供了契机。

20世纪90年代前的轻工业大发展解决了中国人的穿衣和吃饭的问题。但是，对于诸如电视机、洗衣机、冰箱等大宗耐用消费品的需求，轻工业无法提供这样的产品，而且在轻工业作为国民经济支柱产业近20年之后，其发展的动能已经开始衰竭，轻工产品开始从卖方市场向买方市场转变，轻工业的发展作为国民经济的支柱产业开始遇到瓶颈，继续大力发展轻工业的话，只能导致中国的轻工产品大量过剩。中国经济发展中的支柱产业面临着升级和换代的问题，20世纪90年代的轻工业无法满足广大人民群众消费换代和产品升级的要求。将制造业作为国民经济的支柱产业被提上了日程，造成中国1992—2004年制造业的大发展。

20世纪90年代轻工业的大发展在区域上形成了三个模式，一个是苏南模式，一个是温州模式，还有一个是以深圳为核心的外向型模式。苏南模式是政府参与的乡镇企业模式，温州模式是纯市场发展的模式，深圳模式是面向外贸的外向型模式。这三个模式各有特色，但是在结果上都取得了成功，积累了大量的原始资本。随着轻工业发展潜力的衰竭，这三个地区也开始向现代加工业转型。温州模式由于纯市场方式，引发其一直耕耘于轻工业的产业层面上，最终形成的家族制经营方式无法适应现代大工业生产的要求，在时代发展过程中，在其他地区和产业都发展起来之后，温州模式开始疲软。苏南模式由于集体混合所有制的特点，在早期发展动能十足，但是产权不清等原因引发了一系列组织结构的内耗问题，组织成本开始增加，在随后的发展中黯然失色。而深圳模式由于国外强烈的需求，造成深圳发展的一枝独秀。最终中国的制造业形成了以深圳为龙头的珠三角发展中心。这个发展中心集中了中国绝大部分制造业，并且在产业集聚上形成了配套和规模。一个产品可以在一个城市之内在短时期内迅速地完成整个配件的采集工作，并生产出产品，这种高效率在其他任何一个地方都是不可想象的。

中国制造业在珠江三角洲地区的集聚过程，引发了剩余劳动力离土又离乡到珠江三角洲去务工的过程。由于中国加工业需求的旺盛，成千上万的进城务工人员离开土地奔向珠江三角洲。每年的春节前后是出行的高峰，造成火车站和汽车站人流密集的状态，俗称“民工潮”。民工潮的出现与中国从以轻工业为国民经济支柱产业向以制造业为支柱产业的产业结构调整和升级相匹配，大量的农村剩余劳动力远离乡土到珠江三角洲地区，在劳动密集型产业中找到了自己的就业岗位，成为了流水线上的产业工人。

1992—2001 年，中国工业化取得了许多成就。1992 年之前的轻工业比重过重，重工业发展不足的缺点得到了一些弥补，特别是国家 1992 年之后国家提出了一系列要求加快发展交通运输、通信、能源、重要原材料和水利等基础工业和基础设施的战略要求，使得机械电子、石油化工、机械制造等产业都有了现实的需求，并且诸如长江三峡水利枢纽工程、南水北调、西煤东运新铁路通道、特大型输变电线路的建设、千万吨级钢铁基地等各种跨世纪特大工程的兴建，对制造业都提出了现实的需求，为制造业的大发展提供了契机。

1992—2001 年中国工业化与中国改革开放的进程密不可分，1992—2001 年改革的目标是建立社会主义市场经济，中国改革的主要内容包括：① 第一，以国有企业改革为主线的工业经济体制改革。改革的目标是建立现代企业制度，1994 年后由中央和地方政府分别负责进行共 2700 户现代企业试点的改革。1996 年提出“三改一加强”的方针政策，即“把国企改革同改组、改造和加强管理结合起来”，从产业组织、技术进步、建立经营者约束和激励机制方面着手来构造市场经济运行的微观主体。1997 年党的十五大进一步明确了国企改革的时间表：用三年时间在大多数国有大中型企业建立现代企业制度。为从战略上调整国有经济布局和改组国有企业，按照企业规模类型进行了“抓大放小”的改革，有近 80%的国有小企业在 2000 年底前实施了改制。这个时期，股份制改造成为国企建立现代企业制度的重要形式，企业集团则成为大中型企业特别是中央管理企业的主要组织形式。第二，以各种服务国企改革的配套措施改革，在 1993—2000 年，中国进行了计划和价格体制、劳动和人事制度、社会保障制度的改革。在 1993—2000 年，国家进行了财政、金融体制改革，确立了中央与地方的分税体系和以增值税为主体的流转税制度，在金融制度上，进行了政策性金融机构和商业性金融机构相分离的组织体系改革，在 1996 年实行了人民币经常项目的可兑换。

① 卢福财，秦川．中国工业改革发展 30 年：1978—2008. 当代财经，2008（8）：5-12.

第三，大力发展非公有制经济，把私营和外资经济作为社会主义市场经济的总要组成部分，在经营上给予私营企业自营进出口权等，继续鼓励加工贸易发展，在沿海地区设立保税区，优化加工贸易的经营环境。第四，进行行业和产业整合，1998年的政府机构改革将煤炭、机械、冶金、化工、轻工、纺织等主管工业的专业部（总会）撤销并改组为国家局，不再直接管理企业。2000年又撤销了八个国家局（石化、纺织、冶金、机械、轻工、煤炭、有色、建材）并对一个局进行改革（国家烟草专卖局），初步建立了国有资产的管理、监督体系。经过上述改革，到2000年，中国已经初步建立社会主义市场经济体制。

伴随着中国社会主义市场经济体系的改革，中国的工业也取得了很大的成就。主要成就如下：①

第一，工业部门初步形成以公有制为主体，多种所有制共同发展的格局。2000年不同所有制工业企业类型中，国有工业产值占工业总产值的48.3%，集体工业占15.2%，其他经济类型工业（私营和外资企业）占36.5%。工业部门中的私营和外资企业得到进一步发展，国有企业户数虽逐步减少，但控制力得到加强。

第二，工业总量持续高速增长。按可比价格计算，1993—2000年工业增加值增长1.2倍，年平均增长11.2%。工业的快速发展使中国经济由长期以来的短缺转变为有效需求不足，1997年包括消费品、原材料在内的613种主要商品中，供大于求的占到31.8%，供不应求的仅占1.6%。工业品短缺的时代一去不复返，这是具有里程碑意义的转变。同时，工业品价格大幅回落，1997年以后各年的工业品出厂价格指数基本维持在100%以下。

第三，产业结构升级进程加快。轻工业的比重在上升，重工业的比重在下降。1999年轻工业占工业总值的比重由1992年的46.6%上升到49.3%，重工业比重则由53.4%下降到50.7%，产品结构调整和升级换代加快，工业生产由单纯追求产品数量增长转向追求质量和档次的提高。

第四，中国的工业化开始与改革开放政策一起走向全世界。2000年进出口总额达到39263亿元，与GDP之比达到39.6%。工业品国际竞争力进一步提高，工业制成品在出口商品总额中的比重由1992年的79.98%上升到2000年的

① 卢福财，秦川．中国工业改革发展30年：1978—2008. 当代财经，2008（8）：5-12.

89.78%。利用外资连续8年居发展中国家第1位。中国企业也开始向境外投资，2000年底境外企业累计超过6000家。1992年后加工贸易加速发展，除亚洲新兴经济体外，欧美国家机械、家电、信息产业的加工组装企业也大量向中国内地转移。到1996年，加工贸易进出口额在进出口总额中所占比重达到50.6%，成为中国最主要的贸易形式。

（2）2001—2008年中国的工业化进程。

2001—2008年中国的工业化过程可以概括为：面向世界的“世界工厂”工业化过程。

2001年11月10日晚6时38分（卡塔尔首都多哈当地时间），世界贸易组织（WTO）第四届部长级会议审议通过了中国加入世界贸易组织的申请。中国将从12月11日起正式成为世贸组织成员，中国加入世界贸易组织是中国经济发展历史上的一件重大事件和中国发展的标志性事件。随着中国加入世界贸易组织，中国的经济开始融入世界经济体系中，成为世界经济的一个重要构成部分。中国的工业经济发展进入了新的时期。

在中国加入WTO之后，世界市场成为了中国工业化的重要引擎，世界需求成了中国工业发展的重要动力，依赖于中国人的勤劳和国内政策的推动，中国迅速成了“世界工厂”为世界各地提供各种产品。此期间，中国的工业化进程得到了极大的推动，表现在：

第一，工业经济体制逐步完善。经过30年的改革开放，中国工业经济体制得以不断完善，在所有制、投资体制、价格形成机制、打破垄断改革等方面取得显著成就，从而大大增强了工业经济活力，成为中国工业发展的重要推动力。工业经济所有制方面，通过国有工业企业战略性调整、促进非公有制经济发展等措施，结构明显优化。工业投资体制方面，基本形成了投资主体多元化、资金来源多渠道、投资方式多样化、项目建设市场化的新格局。商品价格形成机制方面，基本形成市场化定价体制。2006年社会消费品零售总额中市场调节价比重为95.3%，生产资料销售总额中市场调节价比重为97.1%，价格市场化程度保持高位稳定。工业组织结构方面，依照“打破垄断、引入竞争”目标，电信、电力、航空等垄断行业改革持续推进。

第二，工业规模显著扩大。2004年，中国在全球制造业中的份额占到10%，制造业规模居世界第三，位于美国和日本之后。规模以上工业企业个数迅速增加，由2002年的18万个发展到2006年的30多万个。主要工业产品产量位居世界前列，2005年工业品中钢、煤、水泥、棉布、化纤的产量保持世界第一，28种家用电器的产量居世界首位，发电量位居世界第二，糖产量居世界第三，原油产量居世界第五。特别是进入21世纪后，一些重要工业产品的产量大幅度增长。2006年末，① 发电量达到28657亿千瓦小时，比2002年增加12117亿千瓦小时，增长73.3%；化肥5345万吨，增加1554万吨，增长41%；粗钢4.19亿吨，增加2.37亿吨，增长13倍；水泥12.37亿吨，增加5.12亿吨，增长70.6%；乙烯941万吨，增加398万吨，增长73.2%；汽车728万辆，增加403万辆，增长1.2倍。在工业品占世界总产量的份额中，2005年彩电产量占世界总产量的45%，冰箱产量占34%，空调产量占67%，洗衣机产量占35%；2006年粗钢产量占世界总产量35%，水泥产量占48%，汽车产量占10%以上，瓷砖产量约占39%，化纤产量占49.6%，纺织服装出口量约占40%，如此庞大的制造与出口规模，令世人认为中国已成为继美、日之后新的“世界工厂”，世界进入了“中国制造时代”。

第三，工业经济效益明显改善。随着中国工业改革进程的推进，中国工业的经济效率出现了明显的变化。1998年，中国全规模以上工业实现利润1458.11亿元，2002年增长到5784.8亿元，2004年规模以上工业利润首次突破1万亿元，达到11929.30亿元，比上年增长38.1%。2006年规模以上工业利润总额达到19504.44亿元，比上年同期增加30.65%。

第四，工业化水平持续上升。改革开放以来工业部门的快速发展，使得中国工业化水平不断提高。尽管对于工业化进度的测算上有很多准测，但是国内学者一般的看法是2005年中国的工业化进程已经处于工业化中期阶段。其中，2005年东部的上海、北京、天津、广东、浙江、江苏等省市已经到达或者超过了工业化后期阶段。东北地区工业化水平进入工业化中期前半阶段。

第五，中国的工业化开始慢慢融入世界体系。改革开放前，中国是“封闭式自力更生丰衣足食”发展经济，进入改革开放后，特别是中国加入世界贸易组织之后，中国的工业的发展开始融入全球的价值链体系。1980年中国的出口商品

① 数据来源：www.cas.org.cn/xwdt/ztlml/18086.html.

中，工业制成品出口额只占全部出口额的49.7%。2006年该比例上升到94.5%，2007年中国进出口总额位居世界第3位，已经成为工业品贸易大国。中国成为了“世界工厂”，很多世界大型公司开始把产品的制造和加工环节放在中国进行，外包给了中国，而只保留了研发类环节，中国成为了全球生产分工一个不可或缺的环节。

（三）2008年后中国工业化的新特点

2008年之后，随着美国“次贷危机”的发生，中国工业化进程的外部环境发生了变化。美国“次贷危机”的范围不仅仅在于美国本身，也波及了几乎全世界所有国家，发达国家的经济形势都出现了不乐观的态势。发达国家的收入水平在次贷危机之后都开始出现了相对下降。过去发达国家消费为主导，中国作为世界工厂为发达国家提供消费品的国际分工模式，随着发达国家经济出现困难，居民收入水平出现下降，发达国家的消费也开始下降，造成原有的中国生产、发达国家消费的循环格局被破坏。外部需求的不振让中国国内的工业生产也出现了一些困难。

2008年11月前后，中国国内的制造业新增订单指数从2008年4月最高的65下跌到2008年11月的32（见图2-2），制造业订单的消减接近一半，工业增加值等各项指标都出现了相应的下滑。严酷的经济形势下，在外部需求不振的状态之下，中国国内开启了基础设施为拉动的内部需求争做计划，即四万亿计划，中国政府出台了4万亿基础设施建设投资拉动经济的计划。通过高速公路，高速铁路，城市基础设施更新建设等大规模基础设施建设来形成对产业的拉动作用，计划实施之后，中国经济出现下滑的势头得到了遏制。

2008年中国的四万亿投资计划主要集中在基础设施方面，例如高速公路的建设，高速铁路的建设、机场建设以及国内城市内部轨道交通的建设。这些涉及民生的重大项目的开展，立即成为了经济发展的强大需求。带动了原材料、铁矿石、煤炭、建材、水泥等一系列基础设施产业的大发展。工业化的大进步引发了农业劳动力转移的进一步深化。2008年来中国工业化的特点如下：

（1）基础设施的建设引发了国内经济运行环境的进一步改善。高速铁路、高速公路、城市轨道交通项目、机场建设迅速改变了人民群众的出行状态，也引发

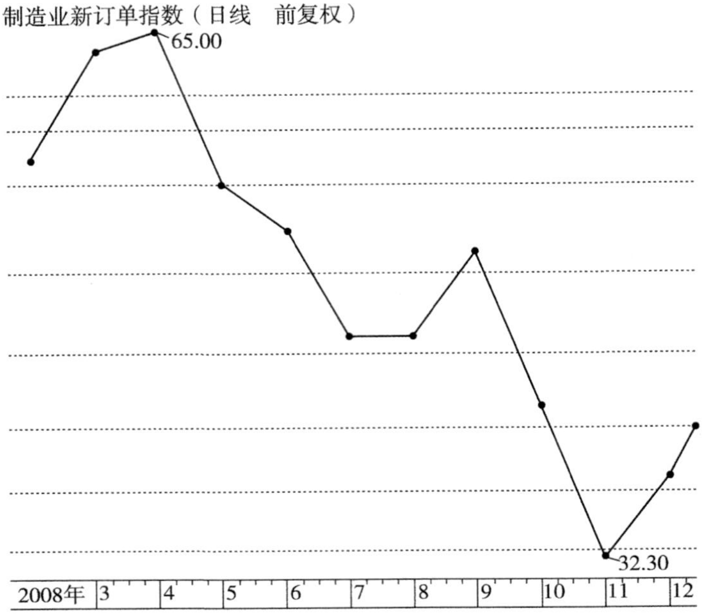

图 2-2　2008 年中国制造业新订单指数

资料来源：通达信软件。

了经济活动效率的提高。这是一个利在千秋的大的事件，在中国的人口红利还没有结束之前，中国高效率地建设完成了一个覆盖全国的高速铁路网络，很多城市都建立好了相对完备的城市地下铁路网络，以及四通八达的高速公路网络。这些基础设施拉近了两个城市的距离，高效率地完成物流，人流的循环有了基础设施的保障。

（2）基础设施的带动效应引发了中国对新型行业和产业的追赶和超越过程，自主创新能力显著增强，部分关键领域技术水平位居世界前列。载人航天、探月工程、载人深潜、新支线飞机、大型液化天然气船（LNG）、高速轨道交通等领域技术取得突破性进展。特高压输变电设备、百万吨乙烯成套装备、风力发电设备、千万亿次超级计算机等装备产品技术水平已跃居世界前列。新能源、新能源车、地热能、页岩气等一系列高技术产业，在中国强大的需求，以及大量投入的前提下，中国开始掌握了其核心的技术。光伏产品在过去一直是与卫星、航天等相联系的，但是随着中国对核心技术的掌握，这些产业的产品开始进入了普通百姓的日常生活，当前在很多地方，居民家庭用上光伏发电是非常普通和常态化的事情了。中国大规模的市场需求，以及相对低廉的劳动力成本，让这些高大上的产品成为白菜价格成为普通民众的日常品，并且打入了国际市场，缩小了中国和发达国家代差的时间间隔，让发达国家通过垄断对中国形成利润盘剥成为了不可能。在国内，过去飞机出行方式是普通人不可以想象的，在基础设施完备之后，当前普通人乘坐飞机长途出行也成了常态。根据国家统计局的数据显示，① 2016年，中国有 4.9 亿人次乘飞机出行，平均每次飞 1705 公里，大概相当于从北京飞到成都。在社会投入上，中国 2013 年规模以上工业企业研发支出 8318 亿元，比 2008 年增长 2.7 倍，企业研发投入强度从 2008 年的 0.61%增加到 2013 年的 0.80%。2013 年，规模以上工业企业共拥有科技机构 5.2 万个，比 2008 年增加了 1.87 倍；规模以上企业共申请专利 53 万件，是 2008 年的 3.4 倍，中国在研发领域的核心指标，研发支出、研发强度、研发机构和申请专利的变化状态见图 2-3。

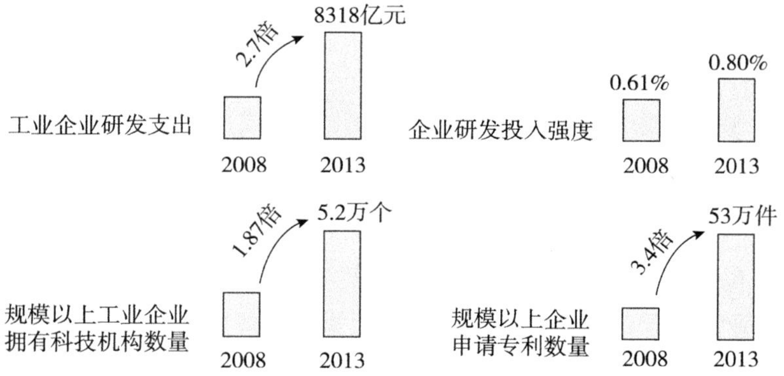

图 2-3　中国研发 2008—2013 年的变化图

资料来源：http：//quejh97nju. blog. 163. com/blog/static/168519632201551444912506。

（3）基础设施的大发展也带来了中国煤炭行业、钢铁行业、光伏产业的过剩。2008 年的四万亿投资计划，一方面引发了对基础设施建设的需求，带来了前向和后向关联产业的大发展。产业链上的各个具体行业都在这个过程中收益。

① 数据来源：www. askci. com/news/chanye/20170416/14552496082. html.

另一方面，中国四万亿投资计划的实施，造成中国在煤炭行业，钢铁行业，光伏产业等一系列产业上都出现了供过于求的局面。中国国内的市场无法消化这些过剩的产能，国际上对中国实施的各种贸易壁垒措施也让中国希图通过贸易在国际上消化过剩产能的努力受到挑战。这次过剩产能到目前为止，依然是中国政府需要解决的一个迫切问题。以山西省为例，① 随着煤炭等产能过剩行业风险蔓延，企业和银行只能携手共渡难关。截至2015年底，山西省银行业金融机构不良贷款余额为881.65亿元，较年初增加123.62亿元，不良贷款率4.75%，信用风险已逼近警戒线。

（4）2008年之后的另外一个重要特点是信息产业在国民经济中的比重在进一步扩大。以智能机器，智能手机为代表的信息工业日益成为人们生活中不可或缺的部分，以互联网为基础的销售等活动更加影响人们的生活习惯。2015年11月11日，单纯在淘宝网上，一天的营销额就达到了900亿元，引发了世界的瞩目，2018年，3年之后的双11活动中，淘宝网的一天营业额达到了2135亿元，短短的3年时间，接近增长了3倍。平均每年100%的增长率。网上购物已经成为了中国人的一个日常行为，人们的消费行为在开始改变。通信产品、互联网等在各个领域的扩散和运用带来了人们进入了信息化的时代。大数据，云服务等各种技术的出现，方便了人们的工作，学习，生活方式也由此发生着改变。

（5）技术进步引发工业在发展速度和效益上的进步明显提升。“十一五”期间，② 全国规模以上工业单位增加值能耗下降26%，实现节能量7.5亿吨标准煤，以年均6.98%的能耗增长支撑了年均11.57%的工业增长。“十二五”前四年，我国工业能耗累计下降21%，工业水耗累计下降28%左右；新型干法水泥生产线占海外市场的份额达到40%，国产品牌智能手机的国内市场占有率超过70%。重点行业先进产能比重快速提高，智能制造、高速轨道交通、海洋工程等高端装备制造业产值占装备制造业比重超过10%，海洋工程装备接单量占世界市场份额29.5%。

（6）中国在若干工业技术上已经开始成为世界的顶级技术。中国的快速工业化为中国的工业技术提供了场景支持，在市场推动之下，中国的若干技术已经开

① 金彧．煤价下跌等致山西农信社不良贷款增加．新京报，2016.6.21.

② 王政．小技改撬动大减排．人民日报，2014.7.23.

始领先世界，例如中国的5G技术，目前在专利数量，基站建设等各项指标上都领先全球。全球公认的最好的5G技术是中国华为公司研发的5G技术。在超级计算机产业上，中国的超级计算机的排名已经多年持续在第一位，其中超级计算机的数量在若干年份甚至超过美国。此外在无人机、自动驾驶、物联网等技术上，中国技术都开始确立自己的优势，以至于2018年开始，美国以贸易战为借口开始对中国实施产品和技术的断供，来威胁中国的技术进步和产业升级。但是，中国在技术进步上具有自主性，即使美国进行各种技术和产品断供威胁，中国国内企业界开发了很多替代美国技术来因应美国的威胁。这种能力本身就是中国技术进步的结果。

（四）2008年前后工业化的对比分析

通过对中国2008年前后工业化的对比，我们可以看出中国的工业化的变化情况，这种变化状态构成了中国劳动力转移工业化环境的变化。

（1）工业化的制度环境不一样。在1978—2008年期间，中国的工业化进程的制度环境一直处于探索阶段，从早期的有计划的商品经济到社会主义市场经济的改革过程，中国的工业化一直都是边调整边探索的，同时对前期的改革进行总结的。2008年之后的工业化制度环境相对稳定。随着社会主义市场经济取向的最终确立，中国国内的制度环境基本上调整到位，工业化的制度环境相对成熟和稳定。

（2）工业化的层次和重点不一样。在1978—2008年的中国的工业化过程，基本上还是以劳动密集型产业的工业化为主体的，无论是1992年之前的轻工大发展的工业化时期，还是2004年中国加入世界贸易组织之后的“世界工厂”时期，中国的工业化基本上都是在劳动密集型行业的工业化过程。而2008年之后的工业化是信息产业为主体的工业化过程。2008年之后，随着智能手机为代表的信息产品的广泛使用，中国的工业化进入到信息为代表的工业化时期，在工业的生产，销售的各个环节上，互联网+都在改变着工业的组织形式和生产模式。中国国内的华为，小米等公司的产品开始在国内的市场上的市场占有率开始大幅度提高，而国外的苹果，三星的产品的市场占有率在下降。同时在国外市场上，华为、OPPO、小米等公司的产品在国外的销售也在显著增加。

（3）对转移劳动力的素质要求不一样。在1978—2008年的劳动密集型产业的工业化过程中，对劳动者素质的要求相对比较弱，一般只需要劳动者提供体力劳动，对劳动者的素质要求不是太高。而2008年之后的工业化进程中，随着各种高新技术对工业生产流程和生产工艺的改造，很多智能化，模块化生产工艺和技术的出现，以及机器人等对人的替代，使得在工业领域对劳动者素质的要求比较高，创意和创新产业的大规模发展，是这个阶段工业化不同于以往工业化的显著特点。

（4）工业化产品的需求服务不一样。在2008年之前的工业化过程中，随着中国成为"世界工厂"，中国工业化产品在满足国内需求的基础上，为世界各国提供着工业化的产品。这种区域分工的结局是，商品贸易的过程中，各种资金都在进入中国国内市场，使得中国积累了最高达到4万亿美元的外汇储备。但是在2008年，美国次贷危机的影响，西方国家的消费举步维艰，造成中国的工业品的出口也出现了许多的困难。西方国家为了保护自己国内的市场，也在开始对中国的产品进行各种关税和非关税壁垒的限制。这个状态之下，中国的工业生产在进行产业升级和转型的同时，中国工业生产需要从以国际出口与为主的模式，转移到满足于中国内需为主的状态，中国工业化产品的需求对象需要进行转变。

（5）工业化的国际外部环境发生了深刻变化。在2008年之前的工业化过程中，国外的消费和需求为中国的工业化过程提供了推动力。中国的外贸拉动是劳动力流动的重要因素，世界对中国产品是欢迎的，整体上看，世界市场并没有排斥中国的产品。而到了2008年之后，发达国家的收入水平相对下降，很多国家都开始采取贸易保护主义措施保护本国的产品，造成对中国产品的有形和无形的贸易壁垒，这些措施使得中国的外贸出口困难度增加了。自2018年开始，美国更加进一步开始关税壁垒限制中国产品进入美国，加剧了中国外贸行出口的难度。中国工业化需要从依赖外国市场到激活国内市场的思路上进行转变。总体看，2008年前后，中国工业化所处的国际环境发生了深刻变化，导致中国的工业化必须寻找新的思路和出路。

（五）2008年后中国工业化的状态对劳动力转移的影响

2008年后的中国工业化不同于以往的工业化特点。作为一个环境变量，必然对劳动力的转移带来重大的影响。这些影响表现在：

1. 工业化内容的变化导致对劳动力的素质要求不同

从对1992—2008年中国工业化的历史梳理中，我们可以看到，中国工业化的内涵一直是随着时间，以及社会发展的要求在变化。从早期的满足人民群众基础需求的轻工业工业化，到重化工业的工业化，到适应人们精神需求的信息化产品的提供过程来看，中国的工业化一直在进行调整和转变来适应时代需求地为广大人民群众提供着物质上的保障。这种保障与人从最基础的物质需求到精神需求升华的演变过程相一致的。在中国人满足了物质上吃穿住行上的要求之后，中国人现在更多的是面临这精神上的需求，中国工业化的任务现在面临的也是信息化的任务。信息化对工业化进行改造，进而实现工业的信息化是未来的基本路径。在这个路径上，必然对劳动者的素质提出新的要求。

在中国工业化的早期，只需要提供基础的生物学意义上的体力是劳动者素质的基本要求。但是随着中国工业信息化的推进，中国的工业化由早期的劳动密集型向知识和资本密集型演变，早期简单提供劳动力就可以适应工业化目标任务的模式已经不可持续。未来社会需要具有一定技能，能够思考问题，和独立解决问题的，具有创造性思维的劳动力。也就是说具有用脑能力而不是只能够进行提供体力的劳动力。中国的劳动力转移人口现在需要适应这个变化，并且主动进行自身知识的积累和素质的提升，否则，转移劳动力很难适应现今中国经济结构转型和产业结构升级带来的结构性失业问题。

2. 工业的进一步升华会带来就业结构的变化

工业结构升级、互联网+以及工业信息化的发展，带来的是技术在就业中含量和比重的增加。这种技术提升对就业的影响在理论上一直是个争议的话题。有学者认为技术的提升会排斥就业，造成社会大规模的失业；但是也有学者认为，技术提升之后，需要进行技术维护的人数量更多，就业容量是扩大的。我们认为，中国工业结构的升级和换代，不必然导致中国就业容量的下降。主要原因在于，中国的幅员辽阔，存在东部发达地区，也存在西部不发达地区。中国社会对技术进步是一个全包容的状态，也就是说，中国的各种技术层次可以平等相处，并且在区域经济上可以进行替代。在沿海发达地区进行工业化升级中节省下来的人力资本，可以在中西部相对落后的地区找到适应自己特点生产体系。因此，简单讨论技术升级造成转移劳动力无处就业的困境并不存在。另一个方面，即使是在东部发达地区进行产业升级，技术进步带来直接劳动人口的下降，但是进行后勤补给，维护的人的数量也会出现上升。技术进步带来的是各个行业内部劳动力就业结构的变动，很多的人口，包括转移劳动人口都将面临工业技术结构变化带来的就业结构的变动。这种就业结构和职业的变动一方面对转移劳动人口而言是一个压力，另一个方面也是动力，要求转移劳动者不能安于现状，不停进行自身知识和能力的更新。

3. 工业化范围的变化会带来区域经济劳动力分布上的影响

在中国长江经济带、珠江经济带发展成熟起来之后，在整个产业结构中的位置将从生产基地向设计基地和创意基地进行转变。在中国东部-中部-西部发展的区域格局中，过去是西部的劳动力向中部和东部转移，随着中国整体经济的产业结构转型和升级，中部和西部的农业剩余劳动力将无法在东部找到自己合适的就业岗位了。包括东部的制造业也会由于本地的劳动力成本的上升，向中部和西部转移。过去由于地域上的劳动力转移而形成的民工潮现象将不会再出现，剩余劳动力过去离土离乡的局面开始回到过去的在本土就可以实现就业。这个现象表面看起来，好像是一个简单轮回，实际上，是符合马克思辩证唯物主义哲学，是符合事物发展从简单到复杂，从低级到高级的扬弃过程。这种中西部本土工业化的内涵已经发生了改变，不再是过去的简单的乡土工业化了，而是现代生产技术在地域上向中西部转移而形成的工业化，工业化的起点和过去的本土乡土工业化，不可同日而言，技术水平也与过去的本土乡土工业化截然不同。由于产业结构的转移引发的中西部工业化过程，会使得农业的剩余劳动力在中国区域范围的重新分布。剩余劳动力在空间上的重新分布会带来各个地区经济发展上的不同。当前，在中国武汉、西安、天津等地出台的各种人才入户优惠政策，表面上看是对人才的吸引，实际上带来的结果是产业转移聚集中心的争夺问题，它是中国中西部承接东部沿海制造业的一个写照。总体而言，中国东部制造业向中西部转移的过程中，伴随着制造业转移的同时，也必然表现为过去向中国东部转移的农业剩余劳动力可以开始在本地或者就近实现就业，从而形成劳动力在空间分布的新的格局。

三、中国劳动力转移城镇化状态环境分析

（一）城镇化在劳动力转移中的功能

城镇化是一个历史范畴，同时，它也是一个发展中的概念，① 随着形势的发展，城镇化的内涵也在一直变动着。“城镇化”这个概念第一次被中国官方采用是在中共第十五届四中全会通过的《关于制定国民经济和社会发展第十个五年计划的建议》报告中。尽管不同的学者对于城镇化的表述有所不同，但是一般认为，城镇化是指农村人口不断向城镇转移，第二、三产业不断向城镇聚集，从而使城镇数量增加，城镇规模扩大的一种历史过程。

城镇化作为一种社会历史现象，既是物质文明进步的体现，也是精神文明前进的动力。城镇化作为一种历史过程，不仅是一个城镇数量与规模扩大的过程，它也是城镇结构和功能转变的过程。这种转变包括如下环节：第一，人口的转变，农村人口和劳动力向城镇发生转移；第二，产业转变，社会第二、三产业向城镇聚集发展；第三，环境转变，农地非农化导致地域性质和景观向城市景观转变；第四，文化转变，城市文明、城市意识在内的城市生活方式的扩散和传播引发新的城市文明。

城镇化的上述转变过程引发了社会经济的重大变化。城镇作为工业的空间载体，也是劳动力生活和生产的空间载体。这种载体特性引发了城镇及城镇化对劳动力的转移具有巨大功能，包括：

第一，城镇及其城镇化为劳动力提供了一个居住和生活的空间。城镇化集约式的生活空间可以为转移劳动力提供更多的，更加有效的服务。由于集聚效应，人口的规模让医院、电影院、娱乐设施、健身设施、道路等基础设施具有规模效应，它们可以以较小的成本为更多的人提供服务，有利于节约社会成本。

第二，城镇化的生活有利于培育新的文化。大量的人口生活在城市之中，人

① 卢海燕．试论中国城镇化的内涵．辽宁教育行政学院学报，2005（9）：24-25.

与人之间的空间距离相对缩短，人与人之间的交流和沟通变得更加的频繁。思维和习惯的碰撞与融合，有助于形成新的社会意识，同时，城镇化生活的各种景观和环境对转移劳动力造成的身份认同都有助于转移劳动力能够接受城市生活的习惯，这些交往和习惯的变化过程都是新文化的生成过程。城镇化的生活环境，有助于转移劳动力改变传统的生活习惯，培育新习惯，而成为一个具有现代生活方式的人。

第三、城镇化的生活有助于整体社会资本的增加。城镇之间人们之间的交流和沟通的过程，也是整体社会资本增加的过程。频繁的社会交往，可以建立一个巨大的社会交往网络，这个网络在社会资本理论中就是社会资本的形成和沉淀过程。雄厚的社会资本有助于缓解社会生活的压力、提供各种社会支援，以及为新的物质资本的生产提供支撑功能。

第四，城镇化的空间形成有助于形成新市场、并扩大原有市场的规模。城镇化的集约生活方式，可以在很小的范围内形成人们之间对产品的强烈需求。空间上的集聚效应可以节约产品流通过程的物流成本，这种近距离的需求过程就是市场的形成过程。大量人口的集聚造成的需求会扩大市场需求。城镇的规模越大，需求就越多，就可以容纳更多的工业就业规模，进而造成容纳更多的农业剩余劳动力。

第五，城镇化有利于产业创新和经济发展方式的转变。城镇集聚的生活方式是劳动分工得以深化的重要条件。在中国传统小农经济社会里面，很多的分工都局限于家庭内部，而且这种分工属于简单的劳动分工，例如，男耕女织。在城镇中，大量人口的集聚突破传统家庭内部分工的模式，从家庭分工转变成了社会分工。分工的细化和拓展，能够提供生产的效率，培养新的行业和产业。新行业和产业的出现是经济结构转型和升级的重要特征，与经济发展方式的转变密不可分。

第六，城镇化有利于土地生产效率的提高。在城镇化过程中，城市的规模都要向外扩张，原有的城市郊区的农业用地最终都会变成城市用地，成为城市不可分割的一个部分。相对而言，农业用地的产出依赖气候，并且农作物的生长周期都比较长，农业本身的产出效率是比较低下的。在农业用地变成城镇用地之后，这些土地的用途很多都转变成了工业的厂房或者家庭的住房用地等。工业的生产效率要远远大于农业生产的效率。因而，城镇化之后，原有农业用地变成城镇用地之后，土地的生产效率都得到了显著的提高。

（二）2008 年前中国城镇化的特点

城镇化是农村人口向城镇集中，农村人口的职业发生转换及城镇规模开始扩大的一种社会现象。城镇化的优点是很多的，它对推动产业结构转换，推动社会经济发展、促进人们生活水平的提高，形成新的城市文明等等各个方面上起到推动作用。但是，中国的城镇化过程并不是一帆风顺的。

中国的城镇化过程经历了计划阶段的城镇化过程和市场化的城镇化过程两个阶段。2008 年之前计划城镇化阶段和市场化城镇化阶段的两个阶段时间界限，本研究认为应该以 1994 年朱镕基作为总理开展的中国住房制度改革的时间节点为分界线。在 1978—1994 年住房制度改革之前的城镇化过程是计划经济的城镇化阶段，1994—2008 的城镇化过程是市场化的城镇化阶段。

以 1994 年为时间节点进行两个阶段分界的主要原因在于，在 1994 年中国住房制度改革之前，中国农业人口要转移到城镇人口主要是依托途径包括：农村人口与城市人口的婚姻从而转移到城市中去、农村人口参军之后退伍复员之后实现从农村人口变成城市人口、升学进入大学或者中专等职业技术学校进而实现农村人口向城市人口的转移，少量的国有企业的招工从而实现农村人口向城镇人口的转移等。农村人口通过上述途径转移到城市中，相关单位按照标准分配单位住房给新进入的人口。当一个农村人口，如果没有在城市有正当的职业，无法实现就业转移时，他到城市去，最基础的住房问题都无法解决，因为国家在房屋分配上是按照“单位”为基础单位计划供应的，流入城市的人口就无法在城市生根落户。在国家严格的住房制度之下，他无法获得有居住的场所。这造成了农村人口向城镇转移只能依托国家来进行了，这种转移从而形成的城镇化过程属于计划的城镇化模式。

在 1994 年之后，国家逐步放开了城市住房市场，人们可以买卖房屋、租赁房屋，过去必须依托单位才可以有房屋居住的模式发生了改变。农业人口到城市中去可以通过租赁，甚至购买房屋等形式来解决自己在城市的立足问题。这个时候，原有农业人口向城市转移的渠道就从过去的升学、参军、招工等狭窄的模式，向依靠城市本身的吸引力让农业人口自愿性转移，从而造成城市人口规模扩大和城市本身规模扩大的问题。

因此，本研究以1994年作为1978—2008年中国城镇化不同阶段的时间节点是合理的，1978—1994年和1994—2008年，这两个区间在城镇化上具有显然不同的特点。

1. 1978—1994年中国的计划城镇化阶段

在这个阶段，中国的城镇化过程的特点就是计划性。中国的城镇化过程带有相当浓厚的计划经济的特色。这时期无法用“三个有利于”的标准来综合运用计划和市场两只手来管理经济。国家在城镇化的发展上都表现出计划的色彩。计划城镇化的特征是：

第一，在城镇的规模扩大上，坚持严格的规划，在物资、设计、建设等各个方面上都遵循着计划的特色。城镇规模的扩展速度是比较缓慢的。这种计划性城市扩展的过程，依赖于国家资金的内部积累，在当时的中国国情下，中国属于资本严重短缺状态，国家财政需要承担的任务很多，无法在城镇化上投入大量资金，这造成1978—1994年计划城镇化城市扩展规模的缓慢。

第二，在城镇化过程中人的城镇化上，对于农业人口进入城市有着严格的指标要求。农业人口能够转移到城市实行职业转移的途径，只能通过招工、招干、升学、婚姻和参军等几个途径，这些途径之外进入城市的，都被斥之为盲流。对于所谓的盲流，国家利用国家权力把这些人重新迁回原籍地，国家的收容制度在其中起到了重要作用。严格计划指标的人的城镇化，把人口分为城镇人口和农村人口两个类别，农村人口转移到城镇人口的规模和速度都是很低的。

2. 1994—2008年中国的市场化城镇化阶段

1994年，中国政府开始放开住房市场，允许居民进行房屋的买卖和房屋租赁，并且政府把原有的国有住房全部进行了私有化过程，国有住房按照市场价格出售给了单位职工个人，单位不再为新增加的职工进行住房的分配，所有有住房需求的人都需要在住房市场上通过购买行为获取居住的房屋。这于房屋市场放开之前对比，对所有人而言是一个帕累托的改进过程，是居民福利增加的过程。在房屋市场化改革之前，农村人口即使有现金也无法在城镇购买到房屋，因为住房是凭证供应的。在住房制度改革之后，农村人口进入城市就可以不再受计划住房的约束了，对于农村人口而言，农村人口在城市开展新生活成为了一种可能，这种住房市场化引发的中国城镇化过程，本研究称之为市场化城镇化阶段，它有别于计划城镇化阶段。

房屋的私有化过程，起到了两个方面的作用：第一，让流入城镇中的人口可以有资格买入到住房，解决了“居者有其屋”的问题，农村人口向城镇流动不再受到“单位”的约束，激发了农村人口向城镇的迁移，起到了加速城镇化中人的城镇化速度。第二，流动人口的房屋购买需求成为了城市扩展的重要动力，中国城市地理范围的扩大由此开始展开。流动人口流入到城镇购买房屋开始成了城市房地产市场的刚性需求，这种刚性需求进一步刺激了城市规模的扩张，城市开始大规模的外延性扩展。总结而言，1994—2008 年，中国市场化城镇化的特点如下：

第一，1992 年中国市场化取向的改革政策及其实施，市场开始成为资源的基础配置功能。中国劳动力的流动开始加速，人口向大中城市集聚的趋势开始加速。在 1990 年前后，中国出现了大规模的民工潮现象。每年在春节前后，在中国的火车站，汽车站等地出现了大量外出务工农民等候进入或者离开务工地的现象。随着大量务工人员的流入，流入城市的经济发展也是相当迅速。这些务工人员不仅仅为流入城市提供了劳动力资源，他们在当地包括日常消费和住房消费等都是刚性需求，这些刚性需求扩大了流入城市的总需求，带动了经济的发展。房屋作为一种基础的资源，被参与市场的主体自觉地选择，实现了各个方面的利益需求。

第二，政府房屋改革等一系列措施，刺激了城市规模的扩展。房屋制度的市场化改革，扩大了房屋的需求，大量农村人口流入到城市成了城市房屋的刚性需求，加上本来城市人口对住房的需求，两者需求叠加成为了促进城市规模向外迅速扩张的动力，中国城市迅速实现了外延式的发展，过去的边缘郊区迅速变成了中心城区。这造成了三个效果：① 第一个效果是人口流入城市的规模迅速扩大。在 20 世纪 80 年代，城镇人口平均每年增加数量在 1000 万左右，到了 90 年代扩

① 倪鹏飞．新型城镇化：理论与政策框架．广东经济出版社，2014：75-77.

大到了 1500 万，年均增长达到了 0.7 个百分点。第二个效果是土地城镇化速度迅速。在 1978 年，中国城市建成区面积有 7438 平方公里，到了 1995 年城市建成区面积达到 19264 平方公里，面积增大了一倍以上。第三个效果是城市的数量快速增长。在 1984—1996 年中国建制镇的数量比 1978 年增加了 7750 个，与此同时，长三角，珠三角和京津冀三大城市群开始形成。中国的城镇化率从 1981 年的 20.12%增长至了 1995 年 26.41%。

（三）2008 年后中国城镇化的新趋势

进入 2008 年之后，美国“次贷危机”引发了美国次级债务的风险敞口，进而连带引发了西方发达国家整体的经济危机。全球的社会经济分工的循环路径被破坏了。2008 年之前，发展中国家负责进行物质产品的生产，西方国家消费的模式，在次贷危机之后出现了困难。西方国家需求不足，造成发展中国家的生产的产品出现销售困难，而出现了发展中国家产能过剩的现象。中国的出口状况在 2008 年以来也受到了很大的冲击。2008 年年底许多在珠三角外贸行业务工的农民工大量返乡。中国工业化所形成的巨大产能与需求相比出现了过剩状态，作为世界工厂的中国在外部需求不振的状态之下碰到了前所未有的挑战。

为了解决外部需求不足的问题，中国政府提出了“四万亿投资”计划。四万亿投资计划的主要措施是通过对公路、铁路、机场是、水利等基础设施的大规模投资创造需求，进而弥补外部需求不足的问题。“四万亿投资”计划的实施，确实带来了中国总需求的提升，中国成为美国“次贷危机”之后，首先走出经济困境的经济体。

四万亿投资计划中，国家在房地产方面的投入大概占到了 32%，即 12800 亿元。① 这样大规模的资金投入引发了中国新的一轮城镇化浪潮。2000 年中国的城镇化率是 36%，到了 2009 年，中国的城镇化率达到了 46.6%。10 年来的平均年城镇化率增长达到了 1%。

新一轮城镇化浪潮造成了中国城市群的出现，在长三角、珠三角、环渤海区域、长江经济带区域都出现了大型的城市群带。这些城市群带立即成为了整个经

---

① 童大焕《四万亿投资应与城镇化紧密结合》，http：//tongdahuan. blog. 163. com/blog/static/131864058200910610552828.

济活动的中心。2008 年以来，中国的城镇化具有如下特点：

（1）城市规模的扩张过程基本结束。2008 年的城镇化是计划和市场共同推动的结果。2008 年中国四万亿投资计划中的 32%的投入进房地产市场造成了城市规模的进一步扩展，各种按揭等房地产消费信贷引导了居民进入到房地产市场中去了，这造成了中国城市规模扩张的新动力，各个城市的建成区大规模的扩张。以武汉市为例,① 1985 年，武汉市的建成区为 180 平方公里，到了 2000 年，武汉市的建成区为 210 平方公里，2005 年武汉市的建成区为 220 平方公里，到了 2010 年，武汉市的建成区为 500 平方公里。从 1985 年到 2010 年，25 年时间，城市的建成区面积扩张了接近 3 倍，尤其是在最近的 2008 年之后，房屋的建成区的扩张速度迅速比过去增加了 1 倍。由于大量资源被引导进入了城市硬件建设中，造成了城市房地产的繁荣期，城市房屋的价格也不断地抬高。城市房屋的修建不是为了建设房屋而建设房屋，它是为了实现房屋的居住功能的。但是根据一些专家的计算，当前中国房屋所能容纳的居民数量基本已经涵盖住了各个城市计划容纳的居民数量，也就是说，当前如果继续大量修建房屋进行城市化的话，只会造成房屋的空置而造成浪费。事实上，当前国家已经在严格限制各地大规模房地产的开发活动，并且倡导“房屋是用来住”的目标。中国的城市规模扩张的过程基本结束了。表 2-1 是中国 1985—2015 年以来各个省份城市建设建成区面积的比较表，从表中我们可以看出中国各个省份城市建成区面积扩张的规模和速度情况。

（2）城镇化规模的扩张停滞了，但是开始了城市内部人的素质提升过程。随着中国城市硬件建设，建成区规模的基本定型，从表面上看，城市的建成区的规模扩张的过程基本结束。但是生活在城镇内部的人口本身的素质开始上升。造成这个现象的原因在于：第一，共同城市生活的经历和体验形成了新的城镇生活的文化。这种文化是一种命运共同体的文化，大家工作、学习、生活休戚与共，由此造成彼此心理上的亲切感和荣誉感，在行为、思想、习惯等方面，新的城市文明开始生成。第二，在人口在城镇空间集聚的过程中，各种规章制度的建立，以及集聚生活形成的彼此关注，都使得人的行为本身不再处于农耕文明下，不受关注状态，任何人的行为都在受到关注，并且生活在其中的人本身会进行反思和反

① 詹庆明，岳亚飞．武汉市建成区扩展演变与规划验证．城市规划，2018（3）：63-71.

表 2-1　　中国 1985—2015 年各省城市建成区面积排行榜

1985 年			1990 年			1995 年			2000 年			2005 年			2010 年			2015 年		
序号	省份	建成区 km^2	序号	省份	建成区 km^2	序号	省份	建成区 km^2	序号	省份	建成区 km^2	序号	省份	建成区 km^2	序号	省份	建成区 km^2	序号	省份	建成区 km^2
1	辽宁	904	1	黑龙江	1118	1	广东	2416	1	广东	1443	1	广东	2564	1	广东	3345	1	广东	5297
2	黑龙江	671	2	辽宁	1043	2	辽宁	1390	2	辽宁	1236	2	山东	1779	2	山东	2450	2	山东	3398
3	湖北	522	3	山东	803	3	黑龙江	1348	3	山东	1060	3	江苏	1644	3	江苏	2346	3	江苏	3223
4	内蒙古	494	4	江苏	697	4	山东	1290	4	黑龙江	1043	4	辽宁	1449	4	辽宁	1827	4	辽宁	2004
5	山东	492	5	河北	691	5	江苏	1118	5	江苏	876	5	河南	1207	5	河南	1547	5	四川	1922
6	广东	483	6	湖北	660	6	浙江	1031	6	河南	785	6	北京	1182	6	浙江	1453	6	河南	1913
7	河北	481	7	河南	629	7	湖北	1001	7	安徽	779	7	黑龙江	1181	7	安徽	1397	7	浙江	1855
8	江苏	423	8	吉林	610	8	河北	933	8	四川	736	8	安徽	1179	8	四川	1328	8	安徽	1731
9	吉林	419	9	广东	577	9	四川	933	9	河北	707	9	浙江	1161	9	黑龙江	1322	9	河北	1488
10	河南	415	10	内蒙古	568	10	河南	880	10	浙江	670	10	四川	1092	10	湖北	1192	10	黑龙江	1477
11	湖南	404	11	湖南	528	11	吉林	745	11	湖北	662	11	河北	955	11	北京	1186	11	湖北	1441
12	北京	373	12	浙江	498	12	湖南	690	12	湖南	591	12	湖北	838	12	河北	1172	12	北京	1401
13	四川	363	13	四川	486	13	内蒙古	664	13	上海	550	13	上海	820	13	湖南	1050	13	湖南	1352
14	山西	343	14	山西	398	14	安徽	533	14	北京	488	14	湖南	778	14	重庆	870	14	重庆	1329
15	甘肃	323	15	北京	397	15	广西	529	15	山西	470	15	广西	678	15	上海	866	15	广西	1130
16	安徽	317	16	安徽	395	16	山西	514	16	吉林	462	16	吉林	620	16	广西	860	16	福建	1113
17	天津	282	17	甘肃	351	17	北京	477	17	广西	446	17	内蒙古	582	17	福建	827	17	内蒙古	1063
18	广西	271	18	新疆	337	18	新疆	435	18	陕西	409	18	山西	574	18	吉林	814	18	吉林	1062

续表

1985年			1990年			1995年			2000年			2005年			2010年			2015年		
序号	省份	建成区 km^2	序号	省份	建成区 km^2	序号	省份	建成区 km^2	序号	省份	建成区 km^2	序号	省份	建成区 km^2	序号	省份	建成区 km^2	序号	省份	建成区 km^2
19	新疆	250	19	天津	335	19	福建	415	19	天津	386	19	陕西	541	19	陕西	783	19	江西	1053
20	贵州	245	20	陕西	332	20	甘肃	397	20	内蒙古	357	20	天津	530	20	内蒙古	773	20	陕西	1006
21	陕西	229	21	江西	294	21	上海	390	21	江西	340	21	福建	518	21	江西	743	21	上海	999
22	江西	213	22	福建	259	22	陕西	383	22	福建	330	22	重庆	492	22	山西	720	22	山西	900
23	上海	184	23	广西	259	23	江西	365	23	甘肃	311	23	江西	491	23	天津	687	23	天津	870
24	福建	171	24	上海	250	24	天津	359	24	重庆	262	24	甘肃	469	24	甘肃	557	24	甘肃	703
25	浙江	165	25	贵州	208	25	贵州	271	25	新疆	203	25	云南	405	25	云南	469	25	云南	660
26	云南	152	26	云南	172	26	云南	247	26	云南	199	26	贵州	259	26	新疆	400	26	贵州	547
27	宁夏	89	27	宁夏	86	27	海南	183	27	贵州	190	27	宁夏	234	27	宁夏	310	27	新疆	502
28	青海	65	28	青海	76	28	宁夏	103	28	宁夏	105	28	新疆	224	28	贵州	280	28	宁夏	452
29	西藏	32	29	海南	46	29	青海	84	29	海南	64	29	青海	64	29	海南	126	29	海南	212
			30	西藏	45	30	西藏	32	30	青海	61	30	海南	20	30	青海	67	30	青海	124
									31	西藏		31	西藏		31	西藏		31	西藏	

资料来源：https：//wenku. baidu. com/view/151474192bf90242a8956bec0975f46527d3a71e. html。

省之中，由此形成人本身的进步。第三，城市生活中各种规制力量的效率更加高了，由此对于各种不文明行为的纠偏更加有效果。在城镇化中，人口集聚使得教化、警察、城管等政府和非政府力量的效率增强了，也带来了城市内部人口行为文明程度的提升，进而表现为人的素质的提高。

（3）中国城镇化中的一些城市病问题开始显现。大量农村人口在城镇中集聚，一方面带来的城市文明的进步、经济的发展，消费、生产集聚之后的规模经济使得城市生活出现便利性的同时，也使得城市病现象开始发生，比较典型的是交通堵塞、环境污染、城市犯罪的增加。尽管中国城镇的建成区的扩张速度非常迅速，但是在建成区内部，各种基础设施的健全上存在很多的问题，快速的城市扩张还使得扩张区域和原有区域之间在交通的衔接上存在很多的不当之处。这些使得交通堵塞问题成为了城市生活的常态。以武汉市为例，① 武汉市的汽车保有量从 2010 年 9 月机动车突破 100 万辆，到“十二五”期间，从 100 万辆增加到 205 万辆。截至 2018 年 2 月底，武汉市机动车保有量 283 万辆。② 过去的简单平面布局的道路体系，无法适应汽车保有量大规模上行，交通堵塞成为了城市生活中的巨大问题。通勤时间的延长，造成的其实是社会资源的损失。汽车的大量使用、工业的集聚、人员的集中，还使得各种废弃物大量出现，造成了城市的污染问题。人员的集中及其流动性，使得一些犯罪发生，这些都破坏了城市的和谐生活。

（四）2008 年前后中国城镇化的对比分析

对比 2008 年前后的中国的城镇化过程的特征，2008 年前后城镇化进程上具有如下特点：

（1）两次城镇化的引发机制不同。2008 年之前的城镇化过程中，中国的城镇化开始从计划城镇化向市场城镇化转轨，这个时期的城镇化带有探索的性质，属于“摸石头过河”。而 2008 年之后的城镇化是一个比较成熟的市场化城镇化过程。市场因素在资源配置中起到了基础性的作用，2008 年的城市化硬件扩张几乎都是由于城市房屋价格上行，引发的居民自觉参与到城市规模的扩张过程中来

① 资料来源：www. sohu. com/a/446174915_99970694.

② 饶纯武．武汉机动车保有量今年将破 300 万 是否限购．湖北日报，2018-03-12.

了。前者属于计划经济下有计划的城镇化，后者属于市场导向的城市化。

（2）两次城镇化的性质不同。2008年前的城镇化过程，是城镇化硬件的建设过程，主要表现为城市规模的扩张过程，并且伴随着中国的“民工潮”现象，这种城市化是一种数量型的城市化过程，表现为城市人口规模的简单扩张和城市规模的简单扩大。2008年之后的城镇化，一方面存在城市的扩张过程，但是在这个阶段，能够有能力转移到城市的人口都已经转移完毕，人口数量的城市化过程基本结束。另一方面，城镇化中城市质量的提升过程开始进行，表现在城镇化过程中，各种基础设施进一步完善，各个交通节点、城市管网线的优化，城市轨道交通的建设和完善，这些都让城市的功能更加合理，效率更高地为公众提供公共服务。

（3）两次城市化的状态不同。2008年的城镇化过程是一个进行状态，表现为城市化过程中，人口迁移到城市和城市规模本身的扩张同步进行，这个过程没有结束。而2008年之后的城市化中，随着时间推移，人口本身数量的迁移量不是太多，而且城市规模本身的扩张也基本结束，也就是说2008年之后的城镇化基本属于一种状态，在这个状态之下，城镇化的目标基本完成，城市化进入了外来人口融合到城市中来的问题了。如果把城镇本身地理范围的扩大称为外延式城市化的话，那么城市内部人的素质变化和城市和谐生活的过程，可以称为内涵式城市化。2008年之后，中国的城市化就开始进入内涵式城市化进程中来了。

四、中国劳动力转移信息化状态环境分析

（一）信息化在劳动力转移中的功能

信息化在学术界中有着各种定义：① 观点一认为，信息化是一种过程，是指随着人们受教育程度的提高而引起的知识信息的生产率的提高过程，其本质就是知识化。观点二认为，信息化就是在政治、经济、文化和社会生活的各个领域中普遍地采用信息技术。观点三认为，信息化是指经济发展从以物质和能源为基础

① 姜爱林．信息化的涵义与中国信息化发展的特征．郑州轻工业学院学报：社会科学版，2003（3）：61-64.

向以信息、知识为基础的转变过程。观点四认为，信息化是指从事信息处理的部门以及各部门的信息活动（包括信息的生产、传输、交换和利用）的作用在国民经济中相对扩大，并最终超过农业、工业、服务业的过程。观点五认为，信息化是指信息产业高度发达并且在国民经济中占优势地位的动态过程，它体现了由物质产品起主导作用向信息产品起主导作用的根本性转变。观点六认为，信息化是利用现代信息技术实现比较充分的信息资源共享，以解决社会和经济发展中出现的各种问题。

尽管信息化的概念上存在各种表述，但是一个基本的现象是不会变化的。就是信息在社会生产和生活中的重要性提高，以及信息运用手段的丰富。这是信息化的实质。基于这个认识，我们看到，以美国未来学家约翰·奈斯比特提出的1956年美国开始进入信息化社会为起点，到今天为止，世界上信息技术出现了突飞猛进的发展。今天人类社会信息化的特征和现象也远非奈斯比特时代所呈现的特征和现象。

人类社会信息化已经从数据、文字、图片、音频和视频数字化的信息化阶段，开始进入在数字化基础上以计算机网络和数据通信网络互联、网络化信息化阶段和以智能手机、高性能计算机对数字化信息进行云计算，以及物联网高度发展、智能化的信息化阶段。

有线电话、BP传呼等传统的信息化时代的工具，不停被新的信息化工具所取代和扬弃；数字化智能手机正在不断地取代传统的单一通话功能手机，诸如佩戴式智能手表等便捷智能信息化工具也在不断推陈出新。在这个时代中，计算机领域内的摩尔定律、吉尔德定律和迈特卡尔定律描述了信息设备、信息容量和互联网发展的速度。大约在18个月左右的周期中，信息设备的性能和信息容量翻一番，每6个月时间，互联网的带宽增加一倍。

因此，如果没有时间限制，简单地谈中国信息化发展的现状是一个广泛且空洞的话题。鉴于此，本章中谈及的中国信息化定位于21世纪以来中国信息化的状态和特征。由于信息化不仅仅对中国，对全世界而言，都是一个方兴未艾的新事物，目前还在蓬勃发展的进程之中，信息化过程正在各个方面和行业中改变着人们的生产和生活。在劳动力转移领域，信息化在劳动力转移中的功能主要表现为：

（1）信息化提供了大量低成本的信息。由于信息产品的大规模普及，智能手机及其相关智能设备使得中国人开始享受着信息时代信息大规模获取的好处。在劳动力进行转移之前，往往通过互联网低成本地获取了转移目的地的各种生产和生活的各种信息，从而形成了对当地生活的预期。通过互联网，转移劳动力能够在本地就掌握了转移目的地的各种就业信息。大量和充分的信息形成了劳动力转移时决策的基础。对工作岗位信息的获取在本地就可以完成，而不是像过去，需要在转移地进行实地考察进行试错才确认。对迁入到目的地之前，劳动者就已经对住房等生活方面的安排在网络上进行完毕，这些都极大地节约了转移过程中劳动者的成本支出。

（2）信息化通过新文化和生活方式进行展示和引领功能。各地的信息通过电视，电脑和其他多媒体展示了新的生活方式，这种传播手段一方面是展示，另一方面具有引领的功能。它为移民群体进入新的地方生活提供了教育和教化功能。而信息化过程中，诸如微信、QQ 等即时通信工具的广泛使用，满足了移民群体在新的生活地的认同和情感的宣泄。这些都有利于移民群体接受目的地并融入目的地。信息化过程中的各种电子支付，电子商务等的广泛使用，使得人们足不出户，可以完成以往必须到商场才可以完成的购物，聚餐等各种活动，带来了人们生活方式的直接改变。

（二）中国信息化的特点和变化

信息化作为 21 世纪的一个重要特征，尽管其基础的产品成型于 20 世纪，但是信息及其产业的大规模发展在于 21 世纪。在 21 世纪以来，中国的信息及其产业从无到有，从低级到高级，发展速度非常惊人。当今，中国的信息化在信息基础设施建设、应用、信息源建设、信息化与相关社会变量的相互作用等各个方面都显示出鲜明的时代特征，这些特征表现在：

（1）在作为信息化的基础——信息产业方面，中国的信息产业在国民经济中的比重越来越大，已经成为了中国社会经济发展的支柱产业。

中国的信息化发展过程也是中国信息产业的发展过程，21 世纪以来，中国的信息产业对国民经济的重要性与日俱增，对工业领域诸如加工、机床、材料、电子等各个领域有强烈的前向关联和后向关联效应，并带来了与之关联的相关产业发展。信息产业包括电子信息制造业、微电子产业、计算机制造业、软件和信息服务业、电信服务业。根据工业和信息化部网站上的数据，信息化产业各子构成部分在2000—2010年期间，都取得了重大进步（见表2-2）。从表2-2可以看出，中国信息产业销售收入占GDP的比重呈现逐步上升的态势，从2001年占GDP的23.21%上升到了2010年的36.05%，10年间上升了12.84个百分点。2000至2010年，中国的GDP10年间增长了4.15倍，但是信息产业各子产业在同期在销售收入方面的增长远远大于GDP增加的幅度，其中软件和信息服务业方面10年间增加了17倍，所有子产业的增加幅度都大于GDP的增加幅度。

表2-2　　**中国信息产业2001—2010年间各子产业销售收入情况**（单位：亿元）

年份	信息产业销售收入						中国的GPD（亿元）	销售收入占GDP比重（%）
	电子信息制造业	微电子产业	计算机制造业	软件和信息服务业	电信业	合计		
2001	13572	188.3	3800	751	3953	22264.3	95933	23.21
2002	17800	268.4	4050	1100	5052	28270.4	102398	27.61
2003	18800	351.4	6000	1633	6739	33523.4	116694	28.73
2004	26531.7	545.3	8000	2405	9225	46707	136515	34.21
2005	38417	702.1	10500	3906	11575	65100.1	182321	35.71
2006	47501	1006.3	13500	4801	14592	81400.3	209407	38.87
2007	56001	1251.3	16000	5834	18545	97631.3	246619	39.59
2008	63000	1246.8	17134	7573	22440	111393.8	300670	37.05

资料来源：（1）GDP数据由国家统计局网站数据整理所得，http：//www.stats.gov.cn/tjgb/；（2）信息产业指标数据由工业和信息化部网站数据整理所得，http：//www.miit.gov.cn/n11293472/n112P3832/n11293832/n11293832/n11294132/index.html；（3）计算机制造业数据由国家发改委网站数据整理所得，http：//gjss.ndrc.gov.cn/xxcy/default.htm。

（2）在信息化技术的创新上，在中国科研人员的富有成效的努力工作之下，中国的信息化关键技术和应用上与发达国家之间的差距和代沟在开始缩小。

作为信息化时代的追随者，中国距离信息化时代的领跑者美国之间在信息化技术，应用等各个方面尽管存在差距，但是目前看，在中国人的辛勤努力之下，这种差距在逐渐缩小。在硬件领域、软件领域、信息应用等各方面都出现了显著进步。在全球前10位的互联网信息公司中，中国控股公司占据了2位（见图2-4）。2012年全球的网民有24亿人，其中中国有5.6亿人口，美国有2.4亿人口。中国网民的年增长率为10%，美国网民的年增长率为3%。在信息硬件设备制造商的情况来看，中国的华为公司等已经慢慢成为具有世界影响的科技公司。2011年华为公司已经成为了全球第二大的电信设备供应商，2011年的营业收入达到324亿美元。在众多过去由思科等国外公司把控的技术领域，中国人都发展出来具有独立知识产权的能够完成相同功能的技术，生产出完美的软件和硬件设备出来。2000年6月具有自主知识产权的中科红旗、中标软件等基于Linux操作系统研发成功，瑞星、金山、江民等研制公司研制的杀毒软件占国内市场的70%。用友、金蝶等财务专业软件在国内有大量的用户。2006年中国成功研制出IPv6核心路由器，在2008年中国建成了全球最大的IPv6示范网。2001年中国成功开发出通用“龙芯”CPU芯片。2013年，中国国防科技大学研发的天河2号计算机以峰值计算速度每秒5.49亿亿次，持续计算速度每秒3.39亿亿次双精度浮点运算的优异性能成为世界上运算最快的超级计算机。联想研制的“深腾7000"、曙光公司的“魔方”均有性能优异的表现。这些具有自主知识产权的技术和产品成就了继续深化和推动中国信息化的坚实基础。

不仅如此，在中国目前在局部信息技术领域，已经开始引领世界潮流。例如中国的5G通信技术，目前已经开始引领世界潮流，目前全球5G SEP必要专利中，华为凭借高达3325件申请量占据绝对制高点，三星2846件居第二、LG 2463件排第三。2019年12月1日消息，据媒体报道称，目前在全球5G标准必要专利（SEP）声明中，中国公司的份额整体占了34%，位居全球首位。①

（3）在信息化基础设施建设上，中国的信息化基础设施全面推进，并加速演化，服务能级快速提升，向宽带化、移动化、泛在化和融合化发展。

信息化基础设施建设包括电信网、广电网、互联网基础设施的建设。中国这三大网络建设在21世纪的前10年中都得到了突飞猛进的发展。2000年，② 中国

---

① 智通财经网.5G必要专利申请数量华为全球第一 三星排第二 LG第三，http://finance.ifeng.com/c/7s2zVPiMfYf.

② 资料来源：www.miit.gov.cn/n11293472/n112p3832/n11294132/n12858447/index.html.

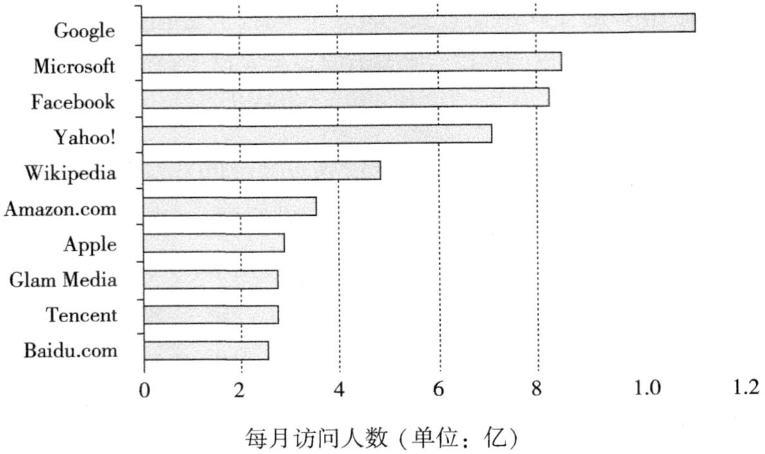

图 2-4 全球 10 大互联网网站每月访问网络人数情况

的长途电话交换机容量的 563.5 万路段，到 2010 年，长途电话交换机容量为 1644 万路段。10 年间，扩大了 3 倍，平均每年的增长率接近 20%，远远大于中国 GDP 的增长速度。在移动电话方面，增长的势头更加猛烈，2000 年中国移动电话交换机容量为 13985.6 万户，到 2010 移动电话交换机的容量为 150518 万户，2010 年的容量为 2000 年的 725 倍，平均每年的增长率为 97.25%。接近于每年移动电话的容量翻了一番。在电信光纤建设方面，中国光纤的里程从 2000 年的 31.8 万公里，发展为 2010 年的 995 万公里，这种每年以接近于 3 倍以上的发展速度是非常惊人的。快速发展的电信基础设施建设也带来了应用用户的变化。固定电话的普及率在 2006 年达到极高点之后，出现了萎缩，固定电话的用户数从 2009 年也出现了下降的趋势，作为替代，移动电话的普及率开始显著上升，信息的移动化成为一个趋势。目前中国已通电话的行政村的比重从 2000 年的 82.9%增长为 2010 年的 99.86%，可以说中国当前的所有行政村中都满足了基础电话信息需求。光纤的普遍建成也带来互联网用户的显著增长，2010 年互联网宽带用户的数量达到 1.2 亿。固定电话信息向移动信息转移的同时，为了避免基础设施的重复建设，广电网、互联网、电信网“三网”融合也从 2000 年的长期理论规划和研究阶段，在 2010 年 6 月开始进入正式试点阶段，有 12 个城市被列入试点城市名单，三网融合进入了实质性推进的阶段。此外，随着各种温控、光敏、视频传感设备的普及和使用，一些设备开始具有自动传输、监测和控制的功能，表现出信息的泛在化发展趋势。

（4）在信息化向社会渗透的程度上，信息化在社会、经济、文化中扩展和渗透广度和深度日益深化。

在经济的研发领域，各种数字化工具的广泛采用，带来了创新的研发模式，CAD、CAM、PAM 软件的广泛使用，提高了企业单位研发的效率，节约了研发的成本；在经济生产领域，设备自动化和信息化提高了生产过程自动化程度，数控机床和数控精密生产设备的大规模采用提高了生产的效率，降低了劳动者工作的劳动强度，MES、EPR、MPRII 等过程控制和经营管理的集成，降低了企业生产的库存和成本，实现了向以销定产的精益生产模式转变过程；在经济金融领域，金桥、金卡、金关工程的实施，实现了金融机构之间信息的共享，企业与外贸监管部门之间信息的共享，为监管者和不同监管者之间进行业务协同提供了可能，也有利于监管者对于宏观金融信息的把握和政策制定。在经济微观生产过程中，各个特定行业的信息化管理系统在各自的岗位上为本行业和单位科学管理提供了大量的决策信息，例如，普遍使用的人事管理系统、财务管理系统、合同关系系统、物质管理系统等在各个单位和行业中发挥着核心的作用，成为企业生产经验的好帮手。在文化领域，各种娱乐身心的数字化艺术作品、视频和音频文件的扩散和共享，愉悦了人的心情，陶冶了人的性情，成为和谐社会生活的良好润滑剂。不仅如此，信息化已经渗透到人的生活的各个细节中来了。在人们日常生活中，人们通过各种信息化工具获取自己所需要的生活信息、商业信息、工作信息、研究信息等。信息化的生活方式和模式已经成为当今社会普遍的生活形态了。人们在网络中排解和宣泄自己生活中的不良情绪，透过网络来发表自己对事件的看法，通过网络平台争辩问题，明辨是非，创造着新时代的信息文明。通过网络来进行商务活动已经成为人们日常购物的普遍选择，例如在 2012 年 11 月 11 日，淘宝网统计出的通过淘宝网进行网购的成交额一天达到 191 亿美元，远远超出传统商场诸如西单商场的日购物成交额。到 2019 年 11 月 11 日，在淘宝网上进行网购的成交额达到了 2684 亿元，折合成美元大致在 383.4 亿美元。7 年时间，翻了一倍的样子。众多的商业提供者逐步开始涉足网商领域，传统的门店交易行为开始严重萎缩，像李宁、苏宁电器等众多公司都在降低传统店商的比重，而重组和扩大电子商务部门，通过网络直销已经成了当前商业行为的重要渠道，可以说，信息化已经开始改变人们的商品购买方式。

（5）在信息化安全问题上，中国的网络和信息安全形势日益严峻，并引发社会的广泛关注。

信息已经愈来愈成为社会生活的关键资源。这成为一些人想方设法偷窥其他人的个人信息而获利的途径。包括一些境内外势力利用技术优势获取国家机密情报和个人信息对社会造成损害的行为。例如，互联网上各种钓鱼网站捕获个人的金融信息进而盗窃金融资产的行为。这些信息的泄露对当事人造成严重的经济损失，扰乱了社会经济生活的正常秩序。国外的一些情报机构通过各种黑客技术和软件后门侵犯国内公民隐私的行为也是极端恶劣的网络安全事件。例如 2013 年美国情报官员斯洛登披露的美国“棱镜”项目显示，美国政府利用网络上的漏洞侵入了中国电信的中心计算机，收集中国公民的短信交流情报，还侵入了清华大学中国科研信息网，侵入了香港大学的计算机中心，获取中国的科研情报。这些网络安全事件对中国的公民隐私和国家的科技安全构成了严重挑战。信息安全的范围是一个内容广阔的内容，既包括国家军事政治等机密安全，也包括商业机密泄漏，防范青少年对不良信息浏览等内容。各种经验和教训使得中国在信息安全上开始重视起来，并开始建立一系列的防范机制，例如计算机的安全协议（数字签名、信息认证、数据加密等），设立了网络警察对各种违法违规举报进行处理，在一些国际网络接口上设置了一些网络防火墙来防止敌对势力和不良信息的侵入等。

（三）中国信息化的新趋势和挑战

尽管在 21 世纪的前十多年来，中国的信息化进程取得了突飞猛进的推进。这种进步固然由于中国在信息化发展中，信息化作为新生事物，中国没有历史包袱和沉淀的后发优势的功劳，也是中国政府对于信息化在国家发展战略中清醒认识和重视的结果，中国政府在 2006 年就制定了《2006—2020 年国家信息化发展战略》，对未来中国信息化的发展进行了全方位的规划。然而，中国的信息化进程中还是面临着诸多的困难和挑战，表现在：

（1）中国的信息化基础设施在地区之间、在地域之间存在严重的不平衡性。

这种不平衡性表现在三个方面：①地区的不平衡性。由于中国幅员广阔，在东部、中部和西部地区之间严重的地区发展不平衡问题，这带来了互联网基础设施建设东部、中部、西部发展的不平衡问题。相对而言，西部地区处于贫穷和落后状态，无力独立承担基础设施建设所需要支付的成本，基础设施的建设滞后。而东部地区经济相对发达，具有高度发达的信息基础设施。②地域的不平衡性。在大城市与中小城市之间也存在信息基础设施的"代沟"问题。大城市中无线互联、Wifi已经成为普遍现象，在中小城市中，目前信息的传输还在通过有线宽带等为主要传输手段。信息基础设施在地域和地区间的不平衡性一方面是一个问题，另一方面也是一个机遇，中国在信息基础设施的建设上并不是已经完成了，而是还有大量的工作需要脚踏实地去完成。③基础设施的不平衡性。随着信息化传输介质从过去的铜芯线缆向光纤传输，甚至通过无线传输，中国过去所铺设的一些铜芯线路和光纤传输线路面临着升级的问题。所以，基础设施不平衡性包括两个方面，一方面是没有基础设施的地区存在基础设施的建设和铺设问题，另一方面是已经存在信息基础设施的地区面临着与时俱进的跟随技术进步的升级问题。

（2）中国的行业管理体制中，对于信息化的管理力量和统筹力量存在部门利益相互掣肘的现象，造成信息基础设施的重复建设，影响了中国信息化的进一步深化。

在信息化的行业管理体制中，中国存在广电网、电信网、互联网三个网络分别属于不同的部门进行管理，其中电信网属于企业管理，广电网过去由广播电视管理局管理，互联网有中国自主产权的c网、教育科研网等各种类型的网络。尽管2000年来，中国政府就开始把三网合一作为将来信息化发展的方向。但是10年来，三网合一的进程举步维艰，部门利益保护及其相互掣肘让这项有利于减少基础设施重复建设的工作，直到2010年才正式在18个城市开展试点。三网合一在全国范围内普遍推广实施还有待时日。信息化过程是对国民经济各个行业和产业进行重新自组织的一个过程，也必然引来各个利益团体之间就信息化进程方面进行利益的博弈。部门之间的利益冲突和矛盾使得信息化过程基础设施重复建设的问题没有得到根本性解决，严重浪费了社会资源。一方面在信息基础设施进行升级上需要大量资源，另一方面一些宝贵的资源却在进行重复投资，这种现象对于中国信息化的深化是一个挑战。

(3) 中国政府对于信息的监管上还处于摸索阶段，造成社会对于信息自由与监管的边界把握上存在疑虑，引来诸多的争议和矛盾。

信息化作为一个新鲜事物，在向各行各业进行渗透的过程和规律中，大家都在不断进行总结和思考中，因此，中国政府对于如何管理信息也是在不断的摸索中。例如，在进行信息化管理过程中，对于在公共论坛上发表评论要求进行实名制认证，申请微博、微信、博客等要求实名制认证，设置防火墙对境内外的信息进行屏蔽，对诸如 Google 等不遵守中国互联网管理规定的公司进行坚决抵制，设置防沉迷机制防止未成年人长时间沉迷在游戏中等。这些貌似限制信息自由的监管举措与社会上一些要求完全放开信息监管的呼声是相矛盾的。究竟信息自由的边界在哪里，在学术上也是一个有争议的问题，在实践上更加是一个难以操作和量化的问题。正是在理论和实践上都存在许多的争议，造成矛盾体的双方相互攻击，引来一些对抗性行为，甚至是网络约架的方式来解决这种争议，成为了网络暴力行为。但是从整体上看，中国的互联网监管还是相当成功的，一方面为国内互联网的发展提供了一个坚实的内部环境，使得中国国内的阿里巴巴、腾讯、百度等互联网公司迅速成为了世界顶级的互联网络公司。另一方面对于各种敌视中国发展的外部势力的干扰进行了屏蔽，有利于让国内的人认清楚外部敌对势力的双重标准、假民主、真压制中国社会经济发展的本质。

(四) 信息化发展对中国劳动力转移的影响

信息化改变了很多产业的生产流程和组织流程，改变了人们的一些生活方式和生活习惯。在劳动力转移领域，信息化对劳动力转移的影响在于：

(1) 信息化改变了信息的传播路径。信息化的作用在于改善劳动者微观的就业岗位的搜寻状态，改变农业剩余劳动力转移者和就业岗位信息不对称之间的关系。过去传动信息传递过程中的垂直式信息传播途径变成了网络和扁平状态信息传播途径。在传统的信息传递过程中，信息一般是通过报刊，广播等媒体进行传递，报刊，广播的管理机构本身充当了信息的审查职能。劳动者的用工消息也都是通过劳动部门在各个媒体报刊上进行发布。这种信息的传递过程都是一个自上而下的发布过程，是垂直式的发布方式。在信息化时代，劳动者从网络上获取用工的信息，这个成本是相对低廉的、也是公平的，这个过程中，没有暗箱操作，没有权力参与其中，劳动者信息的公平和公正都得到了保障，传统意义上劳动者弱势的状态得到了改善。在垂直化信息发布模式中，劳动者的弱势地位导致劳动者往往不在垂直体系之中，这导致劳动者有时无法接收到有关就业有关的信息，从而失去了就业机会。但是在扁平的互联网社会中，劳动者可以主动在网络上搜索到有关的就业信息。劳动者在就业过程中的地位被重新赋权了，他们对信息的驾驭能力增强了。

（2）信息化改变了人们的工作和生活的方式。互联网络的发展，网络视频，网络电话的出现造成信息的传递方式发生了改变，过去需要进行的各种头脑风暴会议，需要人集中进行的各种会议，在信息化时代，通过视频会议和电话会议就可以完成；过去工业化时代集中在一起进行协调和以脑力进行创作、设计为主体的一些工作，在信息化时代可以以分散式的方式进行，Soho 一族开始成为了工作的一种形式，大家进行信息协调都可以通过网络以近乎无成本地进行，在这个过程中，节约了来往的交通费、拥堵等各种经济和社会成本。人们的购物行为也通过网络得以实现。人们的工作方式和生活方式都在信息化时代得到了改变。在娱乐方面，过去必须去电影院去看电影，现在各种家庭影院大规模普及，在家里就可以欣赏到和电影院效果一样的电影，各种虚拟技术的大规模普及和使用，使得各种娱乐体验得到和实际场景一样的完美体验。这些模式都改变了传统的娱乐过程。在中国国内，外卖的大规模普及把大家从传统的家务劳动中解脱出来，可以有更多的时间用于创造和享受过程。

（3）互联网的发展让直销成为了可能，也改变了劳动者地域转移的模式。在互联网时代，从生产到消费可以通过直销的方式来完成，过去的营销中，从生产者—中间商—消费者的产品传递路径开始发生改变。生产的小型化、个性化让农业的剩余劳动力在本地开始进行生产而不需要进行大规模异地转移成为了可能。这种生产和营销模式的改变，消除中间商之后，物流的效率提高了，没有中间商存在的情况之下，产品的价格下降了，竞争力增强了。由于可以进行直销模式，让更多的劳动者可以在居住地结合自己的当地特色进行各种农副产品和工业品的生产，通过网络销售的模式，直接从事生产经营活动，使得劳动者非得进行的异地转移，变成了就地转移，转移的方式发生了改变。在过去，中国中西部的劳动者只有到东部才可以去实现劳动力的转移，但是随着互联网电子商务的崛起，中西部劳动者可以在本地进行各种生产过程，并通过互联网销售到全国各地。中西部地区在电子商务过程中的权重增加了，劳动者在未来并不需要一定迁入地和户籍地分离，劳动者的转移模式都在开始发生转变，劳动者在本地都可以实现就业的过程。

五、中国劳动力转移社会政策的状态环境分析

劳动力转移的社会政策变量比较多，但是总结起来，这些变量从不同的侧面分别影响着转移劳动力的衣食住行。这些影响转移劳动力衣食住行的变量构成了劳动力转移的社会政策环境变量。这些变量包括住房制度、医疗制度、教育制度。但是在中国，有一个很重要的特点，无论是住房制度，还是医疗制度、教育制度，都是户籍制度的一个依附，这些社会环境变量都是户籍制度派生出来的。假如没有户籍，转移人口就很难获得常住地人口所享受的医疗待遇、教育待遇、住房待遇、养老待遇和失业救济待遇，但是在农村地区，农业人口的户口又很难获得医疗保障、养老保障等其他的社会福利。因此，尽管我们把住房制度、医疗制度、教育制度和户籍制度混合在一起来作为劳动力转移的社会政策环境变量，但是它们之间的关系是分层的，并不是平行的关系，户籍制度处于核心的环节。

因为这个原因，本章中在谈到中国劳动力转移的政策环境变量的时候，我们将主要谈户籍制度这个变量，而对其他变量的状态采取了淡出处理。对本章中谈及的社会政策环境状态的变化，就是反映户籍制度的变迁过程。事实上，户籍制度的变迁引发了其他社会环境变量的变化，并最终作用于劳动力的转移决策。可以说，正是户籍制度的变化造成了转移劳动力转移决策的重要环境约束因素。在这个意义上看，我们分析社会政策环境状态的变化，主要分析转移劳动力户籍制度情况，而没有考虑其他社会变量，当然并不是说其他社会变量就一点不重要。

中华人民共和国户籍制度是中华人民共和国对其公民实施的以户为单位的户籍人口管理政策。户籍表明了自然人在本地生活的合法性。长期以来，中华人民共和国人口管理方针的制定与实施均建基于此项制度。中国户籍制度的特点是，根据地域和家庭成员关系将户籍属性划分为农业户口和非农业户口。这种做法在

新中国成立初期曾起到积极作用，但随着城乡交流的日益广泛，该制度已引起愈来愈广泛的争议与指责。

（一）户籍制度在劳动力转移中的功能

中国劳动力转移的社会政策环境对转移劳动力的功能在于：

（1）户籍制度影响着劳动力的流速和流向。户籍制度作为中国的一项基本行政制度，由来已久。在历史上，户籍制度与土地制度直接相联系，国家通过家庭、家族或者宗族为本位对人口实施管理，并且将作为劳役征用和赋税征收的依据。1949 年后，国家对公民实施了以户为单位的户籍人口管理政策，户籍表明了自然人在本地生活的合法性。国家人口管理政策的制定和实施都建立在户籍制度的基础上。依据这个户籍的规定，国家把全国人口分为农村户口人口和城镇户口人口。国家对于城乡人口之间的流动通过约束或者放松的方式，从而引导着劳动力向城市流动或者限制劳动力向城市流动。户籍制度的内容并非一成不变的，国家一直在根据社会经济发展的状态，对户籍制度的内容在进行改革。这些改革措施的最终目标是有利于劳动力的自由迁徙和流动的方向进行。通过户籍制度的改革和调整，劳动力在国内的流动方向和流动速度都得到了一些引导与控制。例如 20 世纪 50 年代，实施严格的户籍管理环境下，自发性劳动力转移是不可能进行的，户籍制度对劳动力转移是一个强约束，劳动力转移的途径只能通过招工，升学等少数途径进行。而在 20 世纪 80 年代后，国家开始放开户籍，容许农业人口往城市流动时，自发性劳动力转移才成为了可能，但是为了对人口流动进行调控，国家制定了依附于户籍制度之下的流动人口管理制度。流动人口在流入地都必须办理暂住证才可以获得就业等其他机会。总之，通过户籍制度的约束功能，国家实现了对劳动力转移的调节过程。当然，户籍制度的弊端也是非常明显的。在余下章节将会进行说明。

（2）户籍制度为转移劳动力的生产和生活提供支撑作用。户籍制度与户口所对应的自然人的利益是密切挂钩的。对城市居民而言，因为他们有城镇居民户口，就具有与户口挂钩的教育、医疗、就业、住房、社会抚恤和社会救济等其他各种福利安排，但是对农村人口而言，除了土地保障外，农业人口很难享受到城市人口所享受的各种福利。这种利益上的分割造成了严重的城乡分割和城乡之间的对立。加之农村户口向城镇户口转移路径很少，例如只有高考和少量的招工，很多农村人口为了获得城镇的户口，简单归结为高考一条路，把高考称为“鲤鱼跳龙门”来形容这种社会流动的变化。在农村，农村户籍的人口只有土地一个保障，人们的生、老、病、死的资源都只能通过土地上的劳作来获取。在户籍制度设置的早期，户籍制度与劳动者的生活和生产利益是密切挂钩的。农村户口的人，在城镇无法享受到招工、住房等各方面的待遇，城市招工都是优先招取城市失业人口，这种利益安排让农村人口即使流动到城市中，也无法立足。户籍制度作为其他社会福利依据的基础制度，在为劳动力提供基础支撑保障上的功能由此可以见一斑。

（二）2008 年前中国户籍制度的状态

中国户籍制度的功能，及其影响随时间推移一直在变化和演变着。它的功能演变过程大致经历了三个阶段：第一个阶段主要是户籍的登记管理功能。最初户籍管理的主要目的是对人口居住地和基本信息的登记，这个阶段主要是一个信息记录的功能，并没有涉及公民的人口流动和利益保障方面的问题。第二个阶段主要是限制人口流动方面的功能。这期间户籍制度针对城乡人口流动做出了严格的约束规定。第三个阶段主要是有关利益分配的功能，涉及教育、住房、医疗、社会保障等与公民切身利益相关的福利问题。

依据于历史的变革过程，中国户籍制度在 2008 年之前的变化过程可以用表 2-3 来表示。

表 2-3　　**中国户籍制度在 2008 年前的演变**

时间	发布的行政单位	文件名称	主要内容	意义
1950 年 8 月 12 日	公安系统	《特种人口管理暂行办法（草案）》	对重点人口的管理工作	中华人民共和国户籍制度开始的起点
1951 年 7 月 16 日	公安部	《城市户口管理暂行条例》	基本统一了全国城市的户口登记制度	1949 年后最早的一个户籍法规

续表

时间	发布的行政单位	文件名称	主要内容	意义
1955年6月	国务院	《关于建立经常户口登记制度的指示》	规定全国城市、集镇、乡村都要建立户口登记制度	开始统一全国城乡的户口登记工作
1958年1月	国务院	《中华人民共和国户口登记条例》	第一次明确将城乡居民区分为“农业户口”和“非农业户口”两种不同户籍。	中国政府开始对人口自由流动实行严格限制和政府管制
1984年10月	国务院	《关于农民进入集镇落户问题的通知》	允许农民自理口粮进集镇落户	
1985年7月	公安部	《关于城镇人口管理的暂行规定》	“农转非”内部指标定在每年万分之二。同时，作为人口管理现代化基础的居民身份证制度也在同样的背景下由全国人大常委会于1985年9月宣布实施	社会主义市场经济的逐步确立终于使户籍制度做出了相应的初级改革
1992年10月	公安部	《关于实行当地有效城镇居民户口制度的通知》	对收钱办理的“农转非”户口符合办理蓝印居民户口条件、迁移手续完备的，可以转为蓝印户口	对于这种户口变相买卖的风潮，各界评说不一，但城镇户口商品化的确冲破了壁垒分明的户籍制度
1997年6月	国务院	《小城镇户籍管理制度改革试点方案和关于完善农村户籍管理制度的意见》	从农村到小城镇务工或者兴办第二、三产业的人员，小城镇机关、团体、企业和事业单位聘用管理人员、专业技术人员，在小城镇购买商品房或者有合法自建房居民，以及其共同居住的直系亲属，可以办理城镇常住户口	小城镇户籍制度开始放开

续表

时间	发布的行政单位	文件名称	主要内容	意义
1998年7月	国务院	《关于解决当前户口管理工作中几个突出问题的意见》	解决了新生婴儿随父落户、夫妻分居、老人投靠子女以及在城市投资、兴办实业、购买商品房的公民及随其共同居住的直系亲属，凡在城市有合法固定的住房、合法稳定的职业或者生活来源，已居住一定年限并符合当地政府有关规定的，可准予在该城市落户等几个群众反映强烈的问题	城镇落户范围开始扩大
2001年3月30日	国务院	《关于推进小城镇户籍管理制度改革的意见》	对办理小城镇常住户口的人员，不再实行计划指标管理	逐步扩大进城务工人员的落户范围
2002年、2004年	上海市	《引进人才实行（上海市居住证）制度暂行规定》《上海市居住证暂行规定》	赋予持证人及其未成年子女享受义务教育、社会保障、办理出入境证件等基本公共服务、权利	全国范围内首次以立法形式将非户籍人口享受基本公共服务和权利明确化

资料来源：根据百度搜索的资料整理所得（资料的完整性取决于搜索引擎搜索资料的完整性）。

2008年之前户籍管理制度的大致可以划分为三个阶段：

第一阶段是1958年前中国的户籍管理制度，基本属于登记制度，这个时期，居民是可以自由迁徙的。

第二阶段是1958—1978年期间，阶段属于限制人口流动的阶段，实施的是严格的人口流动管制。

第三阶段是1978—2008年，期间，户籍还是和住房，教育，医疗、社会保障等各种社会福利挂钩，相对而言，户口的管理属于半开放式管理，居民的自由流动开始频繁起来。

1978—2008 年中国户籍制度具有如下特点：

（1）中国的户籍制度从来不是一个固定的制度，而是随着社会经济发展进程而不断演化和改革的制度。1949 年后，我国面临的国际环境和国内的建设任务一直在变化之中，引发对人口的管理制度也在相应地调整变动之中，因此户籍制度一直是一个被改革的制度，以改革来适应社会经济发展的基本现实。1949 年后，中国社会并没有系统性的人口管理制度，再加上中华人民共和国刚刚成立，各种社会事业百废待兴，同时还有原有社会制度遗留下来的各种反动分子对社会的破坏，在人口管理方面也是处于摸索阶段，因此这个阶段对人口的迁移采取的是自由放任的政策。到了 1958 年，中国社会主义改造基本完成之后，农村土地改革的实施，以及土地改革之后农业相对低的生产力的情况下，需要大量的农村劳动力在当地进行生产活动，人口的自由流动不利于农业的生产经营活动，期间，严格的人口流动限制政策开始成型。在 1978 年之后，农业领域的劳动生产率开始提高，农业中的相对剩余劳动人口开始形成，如果还是把人口限制在土地上，劳动边际产出递减规律的作用下，农业的生产效率其实是下降的，国家与时俱进，开始采取了放开人口流动的限制措施。可见，中国的户籍制度与中国的社会经济形势基本是相适应的。

（2）中国的户籍制度改革对居民的自由和开放的权限越来越大。从中国户籍制度对人口自由流动的约束来看，中国事实上在不断地放开人口自由流动的权限，从不能流动到可以流动。这种做法提高了人民的福祉，增加了人口自由选择的权利。而人口自由流动的结果使得劳动力要素在中国空间地域上重新布局，促进了中国区域经济的发展。流动人口在空间地域上的重新分布和就业，也带来流动人口收入的增加和家庭经济状态的改善，从总体上，有益于人民的安居乐业和维持社会秩序的稳定。流动人口在流动的过程中，开阔了眼界，学会了技能，这些都为他们进一步的提升打下坚实的基础。由此可见，中国户籍制度的改革和权限的放开，是一个不断释放社会经济活力的过程，也事实上为中国社会经济的可持续协调发展作出了重要贡献。

（三）2008 年后中国户籍制度的状态

2005 年底，中国开始着手改革户籍制度。截至 2009 年 3 月，已有河北、辽宁等 13 个省、市、自治区相继取消了农业户口和非农业户口性质划分。到 2018 年，中国的户籍制度更加做出了重要的调整，全面开放了居民只有落户的限制。2008 年之后中国户籍制度的改革举措见表 2-4。

表 2-4　**2008 年后中国各地户籍制度改革的状态**

时间	发布的行政单位	文件名称	主要内容	意义
2008 年 10 月 9 日	国务院	《中共中央关于推进农村改革发展若干重大问题的决定》	与户籍有关部分：放宽中小城市户籍落户条件	进城务工人员的进入范围扩大了
2009 年 2 月 12 日	上海市政府	《上海市人民政府关于印发〈持有《上海市居住证》人员申办本市常住户口试行办法〉的通知》	常住上海市的人口可以申报常住人口，实现与本地人口同样的居民待遇	获得中国各方舆论的高度评价，称上海这一自 1978 年以来第四次户籍制度改革
2010 年 6 月 7 日	广东省人民政府	《关于开展农民工积分制入户城镇工作的指导意见（试行）》	计划从 2010 年起到 2012 年，引导和鼓励 180 万名左右农民工通过积分制入户城镇、融入城镇。对进城务工人员入户城镇后的住房保障、子女入学等配套制度改革方面做出明确规定。为进城务工人员提供进城务工人员公寓和其他住房救助保障服务。还探索以土地承包经营权、宅基地使用权置换城镇户口办法	探索进城务工人员进城市之后的退出机制问题

续表

时间	发布的行政单位	文件名称	主要内容	意义
2014年9月30日	新疆维吾尔自治区人民政府	《关于进一步推进我区户籍管理制度改革的实施意见》	在南疆四地州落户人员可享受当地生育政策	扩大流动人口的社会福利
2014年7月24日	国务院	《关于进一步推进户籍制度改革的意见》	对各类城市的户籍改革进行分类管理，放开中小城镇、严控大城市。 改革涉及户口、居住证、人口信息管理等多个方面，所以它是一场全方位的改革，是一种整体构建。和户口配套的一系列政策像教育、医疗、就业、财政、金融等等不下十项，因此这是一场涉及面非常广的全面改革	这次改革，是一种整体性的而不仅仅只是户口的系统改革，可以实现进城务工人员及其他常住人口的市民梦、创业梦和安居梦
2016年1月1日	国务院	《居住证暂行条例》施行	公安部部署各地取消了暂住证制度，全面实施居住证制度，深入清理与暂住证制度相关的地方性法规政策，积极开展居住登记和居住证办理工作	北京、天津、河北、山西、内蒙古、辽宁等25个省区市均出台了贯彻实施办法，居住证从此取代了暂住证
2016年2月	国务院	《关于深入推进新型城镇化建设的若干意见》	1. 加快落实户籍制度改革政策； 2. 全面实行居住证制度； 3. 推进城镇基本公共服务常住人口全覆盖； 4. 加快建立农业转移人口市民化激励机制	推动农村外出进城务工人员成为城市一员并享受城市基本公共服务

续表

时间	发布的行政单位	文件名称	主要内容	意　义
2016年9月	国务院	《推动1亿非户籍人口在城市落户方案》	促进有能力在城镇稳定就业和生活的农业转移人口举家进城落户	完成人的城市化进程

资料来源：根据百度搜索的资料整理所得。

从中国2008年之后制定的各种文件和其中的政策内容来看，2008年之后中国的户籍改革具有如下特点：

（1）户籍制度对人的流动性开始彻底放开。2008年以来，与过去长期限制人口流动的政策不同的是，2008年之后，在大型城市和特大型城市的落户上，考虑到城市承载的问题，进行了一些限制措施外，中国政府先后放开了小城镇的户口与落户要求，中小城市的落户要求，也就是说，在中小城市中，其实居民之间自由流动其实并没有任何的障碍。这为中国人口要素的合理空间布局和分布提供了基础。

（2）户籍制度中对于与户籍相关联的待遇实施的是普遍性全面待遇。2008年之后，中国政府对于过去长期依附于户籍之上的流动人口的子女教育、医疗、社会保险、住房等上的待遇开始采取普遍性国民待遇，流动人口的子女教育，医疗，社会保险、住房等方面开始享受户籍人口一样的待遇，并且在户籍管理上，采取居住证的管理手段，来实现所有待遇的普遍性国民待遇。这对进城务工人员而言，是一个福利的改进，就业、医疗、教育上的歧视性政策在法律层面上已经消除，克服了他们进城的障碍，解决了他们生活中的很多现实问题。

（3）户籍制度开始关注外出进城人员的人的社会融入问题。进城务工人员有恒产才有恒心，才可以感受到自己是城市中的一员。2008年之后的户籍改革措施在不断地消除过去横梗在外出进城务工人员生活中的各种不便利，在就业、医疗、教育、社会保障等各个层面上普遍的国民待遇，已经可以让受影响城市安心在城市生活。从制度层面上保障了外出进城务工人员融入城市的问题。

（四）2008年前后中国户籍制度变化的原因及其趋势分析

从中国户籍制度的历史演进和特点状态来看，总结中国2008年来户籍制度改革的原因，中国必须进行户籍制度改革的原因如下：

（1）中国的户籍制度已经和中国的社会主义市场经济的体制出现偏差，户籍制度已经成了经济发展的阻力，无法促进经济发展和社会进步，必须进行改革。中国自1993年开始建立社会主义市场经济导向的改革以来，劳动力要素流动的自由化就开始提升到改革开放的一个非常重要的位置上来了。劳动力要素不能自由流动，就无法向地区经济系统中投入，地区经济增长就只能是一个空话，即使当地有更好的资源和经济机会也无法进行开发。城乡劳动力要素市场相互隔离的现象，不利于形成全国统一的劳动力及人才市场。户籍管理的严格管理与要素的自由流动之间是无法兼得的。户籍制度使得劳动力和就业机会相隔离，阻碍了区域经济的发展，在损害地区经济机会的同时，也形成了劳动力的机会成本。

（2）中国的户籍制度制造了社会的不公平。户籍制度把人口分成城镇人口和农村人口，这种把人口本身进行分类的方法，加剧了城乡割裂，阻碍了城乡统筹，加剧了社会分化。更加严重的是，当住房、消费（如购车）、教育、社会保障等利益与户籍直接挂钩后，不同的户籍有不同待遇，加大了贫富的差距。外来人口不能享受本地生活的户口与的各种教育，就业和社会福利资源，形成了城乡之间的矛盾。2008年之后的户籍制度改革已经开始让户籍制度真正成为了户口本身的一个管理制度，依附于户籍制度户口之上的各种福利开始在剥离。一个全新的普遍性的国民待遇开始形成，这些都有利于社会的长治久安。

（3）户籍制度本身存在许多执行的困难。随着人口大规模的迁移和流动，人户分离的现象相当突出。户籍制度中采取城市户口和乡村户口来进行管理的方法无法应对大量人户分离的问题，中西部地区农村相当一部分人有籍无户，农村“空壳”现象较为突出。很多住在城市郊区或者“城中村”的居民，完全不从事农业，却仍然是农业户口；同时也有很多来自农村的居民在城市工作，却无法获得非农业户口。事实上，要对所有的人户分离现象进行清理，需要大量的行政成本，在这方面进行任何尝试都得不偿失。要改革这个问题，也只能是顺应历史潮流，采取居民居住证的方式来解决。通过建立居民居住制度，从而引导居民自发地进行户籍的迁移，从而实现人口人户分离的取消，从而让户籍制度本身回归到对于人口本身数量，分布等与人口有关的本源性管理上来。

（4）户籍制度开始制造一些社会问题。例如：①户籍制度的限制造成了大量在城市务工的外来劳动人员不能落户到城市，形成了家乡和迁居地两个层次的概念，工作地在迁居地，而家乡里面还有孩子或者父母在当地生活。这种人口分布结构，使得每年相对长的节假日都出现了大量的探亲潮，形成每年春运一票难求、具有中国特色的景象。②户籍制度阻碍了城镇化进程，无法实现人的城市化。户籍制度让外出务工人员无法在当地有归属感，在统计上，尽管他们生活，工作都在当地，但是他们也往往无法没有被当成当地人进行统计，各种与户籍有关的福利，外出务工人员无法享受到。由此形成外出务工人员无法融入迁居的城市。③外出务工人员都是候鸟式生活，对农业现代化及农村人口的转移形成体制性障碍。目前有数千万农村人口在城市打工，处于流动状态。然而，由于他们不具备城市永久居民身份，工作预期不稳定，其消费行为并没有城镇化。很多人在大工地赚取的收入往往汇寄给了“老家”，这些收入无法在居住地形成消费，遏制了消费市场的进一步发展。

基于对于中国户籍制度改革的历史演进来看，中国户籍制度改革的逻辑遵循的是一个帕累托最优改进过程。它包含了两条线索：

第一，从范围上看，从限制人的自由流动到可以在小城镇自由流动，再到可以在中小城市自由流动，再到达到条件可以在大城市流动，人的流动自由度开始增加。

第二，从户籍依附的福利来看，它包含了户籍制度包含着大量的社会福利—>户籍制度只是人口管理制度，与社会福利无关逻辑的转变过程。依附于户籍制度有关的社会福利开始减少。

上述两条线索一直贯穿着中国户籍制度改革的全部过程，顺着这个逻辑，对于中国户籍制度改革的基本趋势就是户籍制度最终的目的在于带给劳动者的将是劳动者真正无差异的城市化过程。户籍制度在此过程中将成为人口管理制度，该制度的内涵包括：①

（1）城乡统一的户口登记制度。取消农业户口与非农业户口性质区分和由此衍生的蓝印户口等户口类型，统一登记为居民户口，体现户籍制度的人口登记管理功能。建立与统一城乡户口登记制度相适应的教育、卫生计生、就业、社保、住房、土地及人口统计制度。

（2）居住证制度。公民离开常住户口所在地到其他设区的市级以上城市居住半年以上的，在居住地申领居住证。符合条件的居住证持有人，可以在居住地申

① 国务院关于进一步推进户籍制度改革的意见，http：//www.gov.cn/zhengce/content/2014-07/30/content_8944.htm.

请登记常住户口。以居住证为载体，建立健全与居住年限等条件相挂钩的基本公共服务提供机制。居住证持有人享有与当地户籍人口同等的劳动就业、基本公共教育、基本医疗卫生服务、公共文化服务、证照办理服务等权利；以连续居住年限和参加社会保险年限等为条件，逐步享有与当地户籍人口同等的中等职业教育资助、就业扶持、住房保障、养老服务、社会福利、社会救助等权利，同时结合随迁子女在当地连续就学年限等情况，逐步享有随迁子女在当地参加中考和高考的资格。各地要积极创造条件，不断扩大向居住证持有人提供公共服务的范围。按照权责对等的原则，居住证持有人应当履行服兵役和参加民兵组织等国家和地方规定的公民义务。

（3）人口信息管理制度。建立健全实际居住人口登记制度，加强和完善人口统计调查，全面、准确掌握人口规模、人员结构、地区分布等情况。建设和完善覆盖全国人口、以居民身份证号码为唯一标志、以人口基础信息为基准的国家人口基础信息库，分类完善劳动就业、教育、收入、社保、房产、信用、卫生计生、税务、婚姻、民族等信息系统，逐步实现跨部门、跨地区信息整合和共享，为制定人口发展战略和政策提供信息支持，为人口服务和管理提供支撑。

第三章　中国劳动力转移的新情况

一、劳动力转移新情况的含义

劳动力转移的新情况指的是，相对于2008年之前的中国剩余转移劳动力本身而言，在2008年之后中国剩余转移劳动力特征上的变化情况。显而易见，由于劳动力转移环境的变化，以及劳动力转移本身随着时间的推移演进了多年，中国农业剩余转移劳动力人口的特征已经开始发生变化，呈现出与以往不同的情况，在很多的具体特征指标上有新的变化，这种变化就是劳动力转移的新情况。

对于劳动力转移特征变化的探讨有助于我们理解劳动力转移与其他变量相互作用的过程，也能够深刻理解劳动力转移与其他变量相互作用中的矛盾和冲突，这些可以为本书余下章节展开研究打下基础。

既然劳动力转移的新情况是指劳动力特征的变化情况，那么，中国剩余转移劳动力的特征是什么呢？事实上，转移劳动力的特征是非常多的，不同的学科和不同的研究主题都会构建出自身研究视野的转移劳动力特征。那么，在本书中，哪些劳动力转移的特征可以构成我们的劳动力新情况研究的起点呢？也就是说，所谓劳动力的新情况指的是那些特征呢？例如，我们不可能对转移劳动力的生理特征去进行分析，那是医学或者生物学研究的内容，也不可能对转移劳动力的个体情趣类特征进行分析，那是心理学领域的研究内容。对于经济学学科特点和本研究的主题，我们认为，只有能够直接反映劳动力本身的内涵，即劳动力是具有劳动能力的人的特质，或者具有直接影响劳动力转移的发展，或者会对劳动力素质提升起到作用的变量才是我们要分析的对象。通过对转移劳动力特征变量的梳理，我们认为中国剩余转移劳动力本身的特征包括如下一些方面：

（1）剩余转移劳动力的人口学特征。劳动力首先是一个劳动人口，分析劳动力的特征脱离不了对劳动力人口学特征的分析。劳动力的人口学特征主要包含的变量包括：数量特征、性别特征、受教育程度和年龄特征。这些特征构成了转移劳动力本身的人力资本特征，在人力资本理论中，劳动力的受教育程度，身体健康状态是内在的，决定性的力量，决定了劳动力经济活动的能力。通过对人力资本特征的比较，可以反映劳动力转移的内在的，积极和主动因素变化情况，这为劳动力转移的演进可以提供一个解释的线索。

（2）剩余转移劳动力的经济学特征。由于数据的可获得性，本研究中谈到的经济学特征主要是劳动力成本的变化情况和就业情况。通过对劳动力成本的比较研究，可以反映其对经济发展的推动作用。通过对转移劳动力就业状况的分析，可以看出他们的职业转换情况。从这些特征上可以看出产业发展和演进的基本过程，以及社会和经济发展的基本脉络。

（3）剩余转移劳动力在空间分布地理上的特征。地理分布特征主要是劳动力转移在地理空间上的流向、流速和空间地理分布等特征。这些特征的分析，可以反映转移劳动力的地区趋向。引发劳动力转移的一个重要动因是因为地区的推力和拉力因素，转移劳动力空间地理的分布状态是推理和拉力作用的最终结果，是一个推理和拉力作用之后的状态变量。借助于这种状态的比较，可以看出转移劳动力的推力和拉力的变化过程。劳动力空间地理上的分布情况是劳动力人口特征和经济特征的最后结果，是劳动力转移的最终状态。通过新旧劳动力状态的变化，可以寻找到劳动力转移的变化规律。

上述特征中，人口学特征构成了转移劳动力的生物学基础，是最基础的特征，它是转移劳动力其他特征的基础，同时劳动力人口学特征在经济学上也反映了劳动力本身的素质和资质，通常素质较高的劳动力更加具有劳动力转移的竞争力。经济学特征构成了劳动力可持续转移的条件。空间地理特征构成了劳动力在地域空间上的分布，对空间地域转移劳动力的分析，可以看出劳动力转移在空间地域上的分布趋势。

对劳动力特征的分析是一个工具，它为洞察劳动力特征演化过程产生的问题以及特征转变的东营提供分析的框架。

这种特征体系可以用图 3-1 表达出来。

在进行转移劳动力特征分析之前，在数据来源上，有如下方面需要说明：

（1）按照“绪论”中谈及的数据采取方式，本章中的特征分析是分别用中国第五次人口普查（以下称“五普”）和第六次人口普查（以下称“六普”）

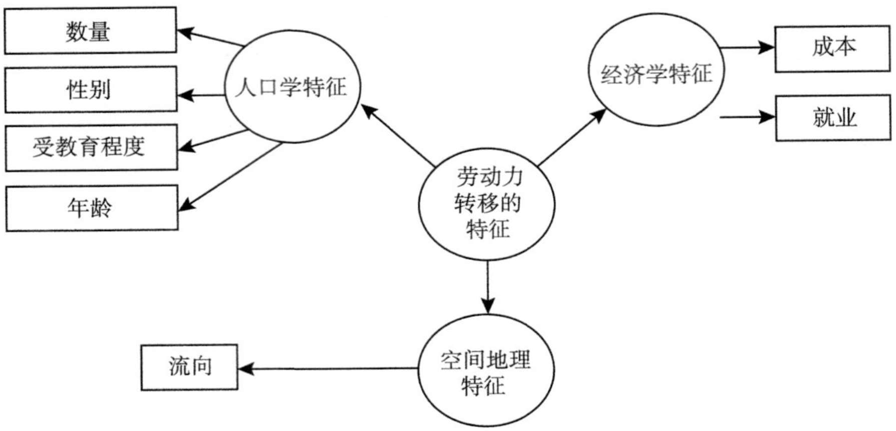

图 3-1　劳动力转移特征体系概念图

的有关数据来对中国转移劳动力的人口特征进行新旧对比分析。

（2）在中国五普和六普中，在调查表格的设计上有些区别和差异。例如，在涉及劳动力转移的动因中，在五普中存在“毕业分配”这样的动因，但是 10 年来，由于中国用工制度的改革，在六普中没有设置这样的答案，因此必须对这些数据进行一些归并处理。在本章中，还有其他一些数据也进行了归并处理，本书在行文中都进行了说明和解释。

（3）在中国的五普和六普数据中，对外出务工人员分为了“城市数据”“镇数据”和“村数据”。基于我们的研究目的是为了分析农业剩余劳动力转移的定义，我们采取的数据是采取的外出务工人员的“村数据”，对于城市外出外公人员和镇外出务工人员我们认为属于人口流动，和本研究关于农业剩余劳动力转移的概念有些区别而没有采用。

（4）尽管当代社会中，存在不婚和同婚等社会现象，但是更加主流的是，在达到婚嫁年龄之后选择婚姻。婚姻对于家庭的意义来说，不仅仅是彼此提供经济上的保障，更加重要的是提供心理上的归属感。在通常意义上讲，家庭的幸福程度更大程度上在于婚姻的幸福。通过对婚姻的分析可以在一定程度上了解社会成员的社会满足感。但是我们在分析转移劳动力人口的婚姻中，在五普和六普数据中，国家公布的数据都属于二次数据，这些数据都进行了归并处理，以至于我们在统计年鉴上无法分离出转移劳动力人口的婚姻数据，因此无法找到权威的数据对转移劳动力人口的婚姻变化情况进行分析，这是一件非常遗憾的事情。

5. 有些数据因为地理范围或者统计口径的不同，在本研究中都根据研究的项目进行了一些归并处理，例如有些数据是户籍人口，有些数据属于常住地数据，为了可以在同一个口径下进行比较，因此进行了一些归并处理，但是所有的原始数据都是来源于第五次和第六次中国统计局公布的统计数据。

二、转移剩余劳动力人口学特征变化情况

（一）数量的变化情况

1980年，中共中央发出了“给全国人民的一封信”，提出计划生育倡议，随后，中国正式在全国范围内开始实施计划生育政策，国家计生委的研究认为①，中国计划生育政策的实施，使得中国少生了4亿人口。可以想见，如果在目前14亿人口的基础上，再多出4亿的话，这4亿人口中哪怕有2亿人口需要进行转移，也是一件非常庞大、困难和持续很多年的事情。到今天，中国已经进入了低生育率国家的行列，根据六普数据直接推算，中国总和生育率为1.18，考虑到出生漏报，当前的综合出生率应在1.5以下，已经低于人口更替水平的2.1了。出生人口的降低，带来了出生人口绝对数同比的下降。这种转变，影响着中国社会经济发展过程中的各个要素变量。对于劳动力转移这个研究话题而言，它首先影响的是劳动力的绝对供给数量。

对剩余劳动人口数量的变化特征研究有两条路径。

第一条是分析中国农业剩余劳动力还有多少剩余人口需要转移，即分析中国剩余劳动力供给数量的特征分析，这个是绝对数量的计算分析。这个涉及构建合理的模型对中国农业领域需要投入的劳动力和现实的人口数进行考虑，以及考虑劳动生产率的变化等许多因素来进行。

第二条路径是对现在每年已经现实转移出来的劳动力人口的特征进行分析，以发现现在转移劳动力的特点。

第一条路径涉及人口预测的问题，这是一件吃亏不讨好的事情，因为很多的人口模型都因为可能没有考虑当时认为不重要的要素而事实上是一些关键的要素，或

① www.gov.cn/jrzg/2013-11/11/content_25254.html.

者没有意识到某些要素而导致最后结论和随后的现实之间相差很大，让人怀疑预测是不是一门科学。同时在考察劳动力投入需求和劳动力供给数量上，很多因素都会发生影响，要把其中的关系彻底梳理清楚是比较困难的，因为在社会系统中，有时一个看似细小的因素，其实都可能是一些关键因素，会对未来的结论造成重大影响，但是如果对所有因素都进行甄别，这种工作也不能保证不出纰漏。第二条路径是对过去已经发生的人口转移数据进行时间序列特征分析，这个是基于现实发生数据的分析，因为是已经发生数据的分析，其结论无疑是中肯和让人无可指责的。

在本研究中，我们将采取第二条研究路径，着重分析已经发生了的转移劳动力数量的时间变化分析，采取静态数据分析的方法，这样做可以避免研究中一些无意义口舌之争，同时，这种研究路径不会影响我们获得有关于中国劳动力数量变化的趋势状态的研究目的。本研究将通过现实数据实事求是地反映劳动力转移数量特征上的变化，也不需要对转移的农业劳动力的数量进行预测，而且这种预测也不是现实的特征。基于这种思路，我们在《中国统计年鉴》中找到了中国五普和六普的数量情况，见表 3-1。

表 3-1　**中国五普和六普农业转移人口数量情况对比表**　（单位：个）

	2000 年转移劳动人口			2010 年转移劳动人口			2000—2010 年增加转移人口		
	合计	省外	省内	合计	省外	省内	总计	省外	省内
全　国	30949572	10808415	20141157	34973139	14286863	20686276	4023567	3478448	545119
北　京	513271	337551	175720	824107	702048	122059	310836	364497	−53661
天　津	160530	85155	75375	282100	212064	70036	121570	126909	−5339
河　北	1375241	364947	1010294	1262823	291235	971588	−112418	−73712	−38706
山　西	1311112	333720	977392	1457880	306912	1150968	146768	−26808	173576
内蒙古	1015726	169425	846301	1326888	381326	945562	311162	211901	99261
辽　宁	1216884	254916	961968	1105765	240499	865266	−111119	−14417	−96702
吉　林	684697	84371	600326	675156	87152	588004	−9541	2781	−12322
黑龙江	892774	104146	788628	904752	91395	813357	11978	−12751	24729
上　海	386931	317278	69653	1188121	1129743	58378	801190	812465	−11275
江　苏	2198380	850457	1347923	3518151	2034614	1483537	1319771	1184157	135614
浙　江	1926658	1132298	794360	3952830	3051211	901619	2026172	1918913	107259

续表

	2000年转移劳动人口			2010年转移劳动人口			2000—2010年增加转移人口		
	合计	省外	省内	合计	省外	省内	总计	省外	省内
安　徽	700719	76740	623979	894813	194841	699972	194094	118101	75993
福　建	1368623	682180	686443	1561557	842393	719164	192934	160213	32721
江　西	1040628	93641	946987	649131	134628	514503	-391497	40987	-432484
山　东	1418254	297483	1120771	1190667	288183	902484	-227587	-9300	-218287
河　南	1107793	147224	960569	946746	110772	835974	-161047	-36452	-124595
湖　北	733291	95089	638202	1172888	211236	961652	439597	116147	323450
湖　南	884326	90010	794316	727393	139701	587692	-156933	49691	-206624
广　东	4942568	3614260	1328308	3082722	1930930	1151792	-1859846	-1683330	-176516
广　西	714502	91190	623312	817206	152397	664809	102704	61207	41497
海　南	209264	94124	115140	305504	93885	211619	96240	-239	96479
重　庆	440737	86518	354219	494226	116837	377389	53489	30319	23170
四　川	1560674	159083	1401591	1602931	223813	1379118	42257	64730	-22473
贵　州	469768	73280	396488	962311	209165	753146	492543	135885	356658
云　南	997007	207522	789485	1328306	251546	1076760	331299	44024	287275
西　藏	53061	23902	29159	65946	35713	30233	12885	11811	1074
陕　西	666934	92496	574438	728207	154677	573530	61273	62181	-908
甘　肃	360291	34973	325318	383440	69979	313461	23149	35006	-11857
青　海	133785	18198	115587	146591	42837	103754	12806	24639	-11833
宁　夏	268486	81755	186731	402348	80039	322309	133862	-1716	135578
新　疆	1196657	714483	482174	1011633	475092	536541	-185024	-239391	54367

资料来源：根据《中国统计年鉴》（2001年）和（2011年）相关表格整理所得。

表3-1中的转移劳动力数量具有如下特点：

（1）从总量上看，中国的劳动力转移的数量增加的趋势还在持续，2000年转移的剩余劳动力为30949572人，到2010年，转移的剩余劳动力人口为34973139人，转移人口的规模增大了4023567人。在过去10年间，总体上看，无论是转移劳动力在省内转移还是在跨省转移，都呈现出持续增加的态势。其中省内劳动力转移人口增加了545119人，省外劳动力转移人口增加了3478448人。

上述数据说明，中国从总体上看，劳动力转移的态势并没有结束，还是有大量的劳动力转移在持续进行。这个与当前一些研究中认为中国劳动力转移已经结束完成的结论是不一样的。

（2）从总体结构上来看，10 年来，中国的劳动力转移都是以省内转移为主导。在 2000 年前后的时期，中国的劳动力转移主要以省内劳动力转移为主，省内劳动力转移人口占总转移劳动力人口的 65.1%。在 2010 年之后，总体上看，中国的劳动力转移省外转移的强度有所减弱，但是还是以省内转移为主导，劳动力省外转移人口占总转移劳动力人口的 59.15%。历史的发展是螺旋式上升的，经历了肯定—否定—否定之否定的发展过程。中国的劳动力转移显然也遵循着这个路径，中国的劳动力转移从早期的离土不离乡，到离土又离乡，现在又出现了劳动力在省内转移的近乎离土不离乡的模式就是对螺旋式发展的最好诠释。

（3）从分省结构上看，各个省份的劳动力在省内和跨省转移表现出不均衡性。这表现在如下几个方面：

①总体上看，有些省份 10 年来转移劳动力人口的规模还在继续增加，但是有些省份的转移劳动力人口的规模在开始下降，这说明劳动力规模在省际转移的不平衡性。例如，河北、辽宁、吉林、江西、山东、河南、湖南、广东、新疆 9 个省份的转移劳动力的绝对规模在开始下降，其他省份的转移劳动力的规模还在增加。

②在 2000 年和 2010 年的 2 次普查中，有些省份是以省内劳动力转移为主，有些省份是以省外劳动力转移为主，经历 10 年后，过去以省内劳动力转移为主导的省份，有些变成了省外转移为主，过去以省外转移的省份变成了以省内转移为主。例如江苏省，2000 年是以省内转移为主，省内转移人口占总转移人口的 61.3%。2010 年变成了省外转移占总转移人口的 57.8%，浙江省也是如此。考察劳动力省内转移向省外转移的特点，我们发现，省内转移为主转向省外转移为主的省份都是些沿海经济发达的地区。这些地区过去加工业的发展导致大量吸收了本身内的转移劳动力，随着省内劳动力转移的完成，这些劳动力完成了自身的知识和能力的储备过程，从而开始向其他经济相对落后和欠发达地区转移，这种动向，也是区域经济发展的一个基本特点。

③有些省份在 2000 年时，转移劳动力人口在全国转移人口中的比重很大，但是 10 年后，转移劳动力人口在全国转移人口中的比重排名中下降了。造成这种现象的原因可能在于经历 10 年的劳动力转移过程，这些省份中可以转移的劳

动力人口已经转移完毕，从而形成10年后在六普中，转移劳动人口比重下降的局面。这种现象是一个重要的社会现象。过去我们一直在谈论中国的劳动力转移属于无限供给，但是从上述数据上可以看出，事实上，经历了近30年的劳动力转移之后，中国农业领域的劳动力在一些省份上已经转移完毕，那些在素质和资质上可以转移的劳动力都已经完成了，未来的中国劳动力转移需要集中在劳动力转移的素质的提高上了。外延式数量型劳动力的转移已经不是未来劳动力转移的主要和核心问题，而内涵式素质劳动力的转移还方兴未艾。这种劳动力转移中的新情况也为我们探寻劳动力转移的解决提供了新的线索。

（二）性别和年龄变动情况

在年龄和性别的数据方面，我们对数据进行了一些处理。在中国五普和六普中，都把小孩子统计到了转移人口中去了，也就是说对于举家迁移的人口，小孩子是算进了劳动力转移人口中去了的。但是我们考虑到按照国际口径，劳动力只是指年龄在15~64岁年龄的人口。因此我们在进行数据清理时，把15岁以下和64岁以上的人口从原始数据中进行了清理，剩下的人口我们才认为是转移出的劳动力人口。

本研究中，对年龄和性别的分析都是基于15~64岁内劳动力人口的特征分析。表3-2反映了2000年五普劳动力转移人口和2010年六普劳动力转移人口在性别特征上的变化情况。

表3-2　　**中国转移劳动力性别和年龄比较表**

	五普				六普			
	男（%）	女（%）	性别比	年龄人数占总人数比重（单位：%）	男（%）	女（%）	性别比	年龄人数占总人数比重（单位：%）
15~19岁	45.48	54.52	83.4	18.18	50.12	49.88	100.5	9.75
20~24岁	41.61	58.39	71.3	22.55	44.44	55.56	80	18.73
25~29岁	41.78	58.22	71.8	20.80	46.25	53.75	86	14.13
30~34岁	52.17	47.83	109.1	13.14	51.70	48.30	107.1	12.35
35~39岁	55.35	44.65	124	8.89	55.45	44.55	124.5	13.42

续表

	五普				六普			
	男（%）	女（%）	性别比	年龄人数占总人数比重（单位:%）	男（%）	女（%）	性别比	年龄人数占总人数比重（单位:%）
40~44岁	55.61	44.39	125.3	5.35	57.51	42.49	135.3	12.12
45~49岁	54.30	45.70	118.8	4.48	60.58	39.42	153.7	8.11
50~54岁	54.40	45.60	119.3	2.96	63.19	36.81	171.7	4.54
55~59岁	53.72	46.28	116.1	1.99	63.46	36.54	173.7	3.98
60~64岁	53.30	46.70	114.1	1.67	66.14	33.86	195.3	2.87
总计	47.09	52.91	89	100.00	52.75	47.25	111.6	100

资料来源：根据《中国统计年鉴》（2001年）和（2011年）相关表格整理所得。

在中国儒家的传统文化中，一般都是男主外、女主内。这种社会分工造成的结局是，男性在长期与外界社会进行交往的过程中，见识、能力、阅历等都要远远高于天天在家里进行家务劳动为主的女性的见识、能力和阅历，也由此带来了转移劳动力能力在性别上的差异。这种特点，在中国农村地区尤其显著。很多重大的家庭决策都是男性在做出，因为男性的见识相对于女性广，很多家庭说“起当家的”都是指的家庭内的丈夫这样的男性成员。正是由于这种具有相对人格独立性和能够相对具有决策的能力，在进行劳动力转移这样涉及家庭重大利益的决定的时候，往往都是由男性在充当，因此在进行迁移时，在最初阶段男性作为迁移家庭的后方和大本营，以及农业生产特点对性别的选择性，早期都是男性人口在家务农，而女性则进行一些非农劳动来对家庭进行补贴，对转移劳动力性别的数据分析也说明了这点。

通过对表3-2的分析，我们发现劳动力在性别和年龄结构上有如下特点：

（1）从性别总体上看，中国目前的劳动力转移的性别状态发生了巨大变化。在五普时，女性劳动力转移的数量要大于男性转移劳动力的数量。而通过对六普数据的分析，我们发现六普中转移的男性劳动力的数量已经远远大于转移的女性劳动力的数量了。在五普的男性转移劳动力占总转移劳动力的47.09%，女性转移劳动力占总转移劳动力的52.91%，尽管相对量上两者相差不是太大，但是因为迁移人口总量大，造成绝对量上女性比男性要多。说明在五普时，男性作为主要劳动力还处于在农业生产的核心地位，因此男性成员无法离开土地。但是在六普是男性转移劳动力占总转移劳动力的52.75%，女性劳动力占总转移劳动力的47.25%。男性劳动力也在开始大量脱离土地的束缚，进入非农的领域了。

（2）从年龄结构来看，中国目前的转移劳动力的年龄状况发生了变化。五普中都是年轻人在转移，核心年龄任何主要集中在15~29岁这个区间，其中15~19岁人口占了总转移人口的18.18%，20~24岁人口占了总转移人口的22.55%，25~29岁人口占了总转移人口的20.8%。合计15~29岁人口占了总转移人口的61.53%，占了总转移人口的绝对主体。而在六普中，都是偏向于中青年人口在发生转移。核心年龄人口主要集中在20~44岁这个区间之中，集中在20~44岁区间的年龄人口占总转移人口的70.75%。两者数据对比，显而易见，转移劳动力人口的年龄从青少年人口向中青年人口迁移。

（3）从年龄和性别的交叉结构上来看，中国转移的人群和性别对象都发生了改变。在五普中，都是15~29岁的年轻女工为主。从15~64岁的人口序列中，男性转移人口的比重按照年龄序列在不断增加，女性转移人口数量按照年龄序列不停下降，从15~19岁的45.48%上升到64以上的53%；女性人口则从15~19岁的54.52%降低到而64岁的46.7%。在六普中，尽管还存在年轻女工的转移情况，但是基本上已经变成了30~44岁男工转移为主导的趋势了，而女性人口主要集中在15~29岁这个区间，从性别比指标上也可以看到这个趋势，就是女性转移人口主要是在15~29岁这个区间，性别比的数据都比100要小。而29岁以上的年龄转移人口的性别比都大于100，在六普中的分年龄别性别比都要大于五普中的同期人口的性别比，说明六普中主要是男性人口在流动。同时，通过性别比上还可以看到一个特点就是15~29岁转移人口中，女性的数量在五普中的数量要大于六普的数据，说明五普中15~29岁转移人口女性居多。详细的数据见表3-2。

（三）受教育程度变化情况

在受教育程度中，由于指标设计上的差异，统计数据在统计口径上出现了不一致的现象，因此，我们进行了一些数据调整工作，具体做法如下：

（1）在五普中对于大学分为了“大学本科”和“大学专科”两个分类。但是在六普中只有一个“大学”类别。根据中国教育分类的基本事实，我们在数据处理上对于五普的数据中“大学本科”和“大学专科”进行了归并，合并进入了“大学”类别。

（2）在六普中，没有设置“中专”统计栏目，但是在五普中包括了“中专”部分，为了使得两者统计口径一致，我们把“中专”项归并到了“高中”栏目，使得前后两次统计普查的统计口径保持一致。

（3）在五普中有“扫盲班”项目，但是六普中没有。为了保持两者的一致，我们把“扫盲班”数据归并到了为“未上学”项目中去了。事实上，这种归并是实事求是的，因为扫盲班在学历上不属于学历层次。

由此，我们得到了中国转移劳动力受教育程度的比较数据，见表3-3。

表3-3　**中国转移劳动力受教育程度新旧比较表**　（%）

	五普			六普		
	省内	省外	合计	省内	省外	合计
未上过学	4.83	3.63	4.4	2.96	1.80	2.47
小学	24.05	25.11	24.43	20.56	19.92	20.29
初中	40.85	57.30	46.68	41.99	56.96	48.34
高中	12.67	7.86	18.77	22.96	15.45	25.73
大学	7.05	3.16	5.68	3.87	2.01	3.08
研究生	0.03	0.07	0.04	0.09	0.10	0.1
合计	100	100	100	100	100	100

资料来源：根据《中国统计年鉴》（2001）年和（2011年）相关表格整理所得。

表3-3具有如下一些特点：

（1）从总体上看，转移出来的农业剩余劳动力人口的受教育程度都比较低。主要集中在小学、初中和高中年龄阶段。中专以上的人口的比重相对较少。在五普中，小学及以下文化程度的人占总转移人口的28.83%，初中文化程度的转移人口占总转移人口的46.68%，高中文化程度转移人口占总转移人口的18.77%，大学及以上人口占总转移人口的5.72%。在六普中，小学及以下人口占总转移人口的22.67%，初中文化程度的转移人口占总转移人口的48.34%，高中文化程度人口占总转移人口的25.73%，大学及以上文化程度占总转移人口的3.18%。

（2）从时间上看，经过了10年，转移出来的农业剩余劳动人口的受教育程度出现了提升的趋势。小学及以下文化程度的转移人口的比重在下降，从

28.83%下降到了22.67%。高中以上文化程度的转移人口的比重在上升，其中高中文化程度的人口从18.77%上升到了25.73%。这种趋势的变化反映了转移劳动力人口文化素质提高的事实。

三、劳动力转移经济学特征变化情况

（一）转移动机变化

在劳动力转移动机数据分析时，在国家统计局公布的五普和六普数据在统计口径上出现了一些变化，因此需要对数据进行一些数据调整，保持统一口径。

第一，在五普数据中，没有细分劳动力“近距离转移”和“远距离转移”两种形式，但是在六普数据上对转移劳动力区分了这两种状态，从而出现了五普数据和六普数据口径上的不一致。我们在数据整理上，把六普的“近距离转移”和“远距离转移”两种形式进行了归并，从而与五普数据口径一致。

第二，在五普数据中，包含了0~14岁小孩随家迁移的情况，但是六普中并不包涵这些小孩子人口。由于我们主要是分析劳动力的转移状态，对于这些随家迁移的非劳动力，我们在五普总数据中进行了剔除，从而与六普的数据在口径上一致。

第三，在五普中有“分配录用”栏目，随着中国的劳动用工制度的改革，过去的用工分配制度发生改革后，在2010年已经不存在“分配录用”的情况，因此在六普中没有“分配录用”栏目，在六普中有“寄挂户口”栏目，在五普数据中没有，为了在统计口径上一致，把“分配录用”和“寄挂户口”栏目数据都归并到了“其他”项。

在上述基础上，我们得到了表3-4。

表3-4　　中国转移劳动力人口转移动因新旧状态对照表

转移动因	五普（%）	六普（%）
务工经商	35.34	42.66
工作调动	4.93	5.35
学习培训	12.98	8.68

续表

转移动因	五普（%）	六普（%）
拆迁搬家	14.41	5.61
婚姻迁入	13.83	16.33
随迁家属	7.48	9.27
投亲靠友	1.81	4.74
其他	9.22	7.35
合计	100.00	100.00

资料来源：根据《中国统计年鉴》（2001 年）和（2011 年）相关表格整理所得。

从表 3-4 可以看出：

（1）总体上看，无论是五普还是六普中，中国转移劳动力人口的转移原因都是务工经商为主导。在五普中“务工经商”动因占了总转移劳动力人口的 35.54%，在六普中，“务工经商”动因占了总转移劳动力人口的 42.66%。这个比重都是相对大的绝对比重，甚至在六普中“务工经商”的比重还存在增加的趋势。

（2）从具体转移原因上看，“随迁家属”和“婚姻迁入”两类的原因开始上升。这个说明了中国的劳动力转移已经从过去的当个人的迁移进入了举家迁移状态，也就是说家庭化的劳动力转移状态的趋势已经相当明显了。“随迁家属”的比重从五普的 7.48%上升到了六普的 9.27：“婚姻迁入”从五普的 13.83%上升到了六普的 16.33%。由于家庭迁移开始成为趋势，中国的劳动力迁移在职业发生变化后，其也将更加融入目标地的生活。

（二）劳动力就业变动情况

从 1978 年至今，中国的社会经济状况发生了翻天覆地的变化，中国经济中产业的种类和产业链的长度和幅度都有了深刻的变化，这带来了劳动力就业岗位的丰富多彩。中国转移劳动力在 30 多年的就业嬗变中，转移劳动力已经经历了简单的流水线被动式工作，到人力资本逐渐提升，从而参与更高级的管理岗位的职业中来。根据对中国五普和六普中有关转移劳动力数据的提取和归并处理，我们得到了中国转移劳动力的职业就业变动情况数据，通过表 3-5，可以看出来中国转移劳动力就业特征的变化情况。

表 3-5　　中国五普和六普转移劳动力就业表

	五普（%）			六普（%）		
	省内	省外	合计	省内	省外	合计
国家机关、党群组织、企业、事业单位负责人	4.06	1.38	3.16	4.04	2.44	3.37
专业技术人员	15.63	4.04	11.76	14.68	5.84	10.98
办事人员和有关人员	8.87	3.74	7.16	9.06	5.03	7.37
商业、服务业人员	23.57	19.74	22.29	33.91	27.64	31.28
农、林、牧、渔、水利业生产人员	18.76	10.28	15.93	8.17	3.49	6.21
生产、运输设备操作人员及有关人员	28.96	60.75	39.58	29.96	55.44	40.64
不便分类的其他劳动者	0.14	0.09	0.12	0.18	0.11	0.15
合计	100	100	100	100	100	100.00

资料来源：根据《中国统计年鉴》（2001 年）和（2011 年）相关表格整理所得。

从表 3-5 可以看出：

（1）不管从什么角度看，转移劳动力人口主要在“生产、运输设备操作人员及有关人员”这个职业范围之内，在五普中，这个职业范围内占了总转移劳动力人口的 39.58%，到了六普时，这个职业范围内的转移劳动人口占了总转移劳动力人口的 40.64%。而“生产、运输设备操作人员及有关人员”这个职业主要是制造业人口。也就是说就业人口主要在制造业中就业，而且，这个产业中就业的人口呈现出增加的趋势。

（2）从就业的产业种类来看，转移劳动力绝大部分转移到了第二产业和第三产业。在五普中，第二产业（生产、运输设备操作及有关人员）和第三产业（商业，服务业人员）就业人口占总人口的 61.87%。在六普中，第二产业和第三产业就业人口占总人口的 71.92%。

（3）从产业的趋势来看，转移到第三产业上的人口呈现增加的趋势。在五普中，“商业服务业人员”的就业比重为 19.74%，到了六普时，“商业和服务业人员”的就业比重为 31.38%。

（4）从就业的行业来看，跨省区劳动力转移人口从事智力劳动力人员存在上升的趋势，而在省内就业人口中还有相当一部分人口是参与的本行，从事第一产业的工作，即“从事农林牧渔水利业生产人员”。在五普中，第一产业人口占总转移人口数的15.93%，而在六普中，第一产业人口占总转移人口总数的6.21%，绝对数和相对数都大大减少。

（三）劳动力成本变动情况

劳动力成本的内涵和外延都一直在变动之中。从其构成情况来看，早期的劳动力成本仅仅是雇主所付的工资，到后来劳动力成本包含的范围扩大到工资、补贴、雇主支付的社会保险及其他雇员的福利等。1996年第11届国际劳工统计大会上，国际劳工组织提出，劳动力成本是由雇主负担的所有与雇佣关系有关的之处的总额。①。在中国，劳动部1997年第261号文件规定，中国的劳动力成本包括职工工资总额、社会保险费用、职工福利费用、职工教育基金、劳动保护费用、职工住房费用和其他劳动力成本支出等7项，其中，工资总额是直接成本，其他费用是间接成本。

按照国家有关文件的规定，中国剩余劳动力的成本无疑就是劳动者的直接成本和间接成本的总和，即工资加上其他诸如社会保障费用等。由于中国剩余劳动力供给接近于无限供给状态，以及劳动力转移到目的地之后，其自身的文化程度都比较低，与企业进行博弈的议价能力比较弱等一系列的原因，造成这些劳动力一般只能够获得基础的工资成本，而其他诸如社会福利等间接成本很少取得。这样，对剩余劳动力在常住地的劳动力成本的分析，基本上是对工资总额的分析，因为工资总额在剩余劳动力成本的构成中占据了绝对的大部分。他们几乎是当地工资的接受者，没有对于工资的定价能力。

正是因为农业转移剩余劳动力在常住地就业是工资的接受者的角色，因此我们要分析转移劳动力的成本变化的话，只需要观察常住地一般意义上的劳动力的成本变化的情况，就可以得出转移劳动力的成本的基本情况。我们的这种分析思路在理论上也是有支撑的。根据刘易斯模型，转移劳动力本身的报酬议价能力在劳动力无限供给的情况下，是非常弱小的。他们只能是被动接受流入地的工资水平。因此利用流入地居民的工资水平情况，可以间接地得到转移劳动力的工资情况，这种工资变动情况反映的是劳动力成本的变化。

在前文就业特征中我们可以看到，从五普到六普以来，中国劳动力跨省转移

① 张本波．我国劳动力成本变动趋势及影响研究．中国计划出版社，2009：2.

已经开始成为了常态，而跨省转移的劳动力基本上在制造业和服务业中找到了自己的就业岗位。因此，我们通过对中国主要的劳动力流入地的主要转移劳动力就业行业的工资水平的考察，就可以看到中国转移劳动力成本的变化特征。

基于这种思路，我们将通过表3-6分析转移劳动力人口成本的变化情况。

表3-6　**中国转移劳动力成本新旧对比表（城镇单位就业人员平均工资）** 单位：元

年份	2014	2013	2012	2011	2010	2009	2008	2007	2006	2005
城镇单位	56339	51483	46769	41799	36539	32244	28898	24721	20856	18200
农、林、牧、渔业	28356	25820	22687	19469	16717	14356	12560	10847	9269	8207
采矿业	61677	60138	56946	52230	44196	38038	34233	28185	24125	20449
制造业	51369	46431	41650	36665	30916	26810	24404	21144	18225	15934
电力、燃气及水的生产和供应业	73339	67085	58202	52723	47309	41869	38515	33470	28424	24750
建筑业	45804	42072	36483	32103	27529	24161	21223	18482	16164	14112
交通运输、仓储和邮政业	63416	57993	53391	47078	40466	35315	32041	27903	24111	20911
信息传输、计算机服务和软件业	100797	90915	80510	70918	64436	58154	54906	47700	43435	38799
批发和零售业	55820	50308	46340	40654	33635	29139	25818	21074	17796	15256
住宿和餐饮业	37264	34044	31267	27486	23382	20860	19321	17046	15236	13876
房地产业	55554	51048	46764	42837	35870	32242	30118	26085	22238	20253
租赁和商务服务业	66475	62538	53162	46976	39566	35494	32915	27807	24510	21233
教育	56580	51950	47734	43194	38968	34543	29831	25908	20918	18259
卫生、社会保障和社会福利业	63267	57979	52564	46206	40232	35662	32185	27892	23590	20808
文化、体育和娱乐业	64150	59336	53558	47878	41428	37755	34158	30430	25847	22670
公共管理和社会组织	53110	49259	46074	42062	38242	35326	32296	27731	22546	20234

资料来源：中华人民共和国统计局网站，http：//data. stats. gov. cn/easyquery. htm？cn = C01。

上述数据具有如下一些特点：

(1) 制造业中人口的平均工资要比城镇居民的平均工资低。例如，2014 年城镇单位的平均工资为 56339 元，而制造业中的平均工资为 51369 元。在 2005 年，城镇单位的平均工资为 18200 元，而同年制造业中的平均工资为 15934 元。其他年份都是这种情况。也就是说，外出务工人员的平均工资总体上要比当地居民的平均工资要低。

(2) 在时间趋势上，劳动力的平均工资呈现出上升的态势。制造业的平均工资从 2005 年的 15934 元上升到 2014 年的 51369 元。10 年时间，平均工资上涨了接近 4 倍。上涨幅度每年接近 40%。外出务工人员工资的快速上行，一方面对转移劳动力是好事情，有助于其生活水平的提高。另一方面转移劳动力工资水平的上行反映的是劳动力成本的上升。劳动力成本是产品的基础成本之一，劳动力成本的上升对企业和产品的竞争力等都带来了新的挑战。

四、劳动力转移空间地理分布特征变化情况

转移劳动力的空间分布主要是指转移劳动力空间统计分析。

(一) 全局空间统计分析

对中国转移劳动力人口全局空间统计分通过全局莫兰指数来完成，全局空间统计主要目标在于检测整体上劳动力在空间上是否具有空间依赖性。

莫兰指数的计算如下：

$$I = \frac{n \sum_{i=1}^{n} \sum_{j=1}^{n} w_{ij}(x_i - \bar{x})(x_j - \bar{x})}{\sum_{i=1}^{n} \sum_{j=1}^{n} w_{ij} \sum_{i=1}^{n} (x_i - \bar{x})} = \frac{\sum_{i=1}^{n} \sum_{j=1}^{n} w_{ij}(x_i - \bar{x})(x_j - \bar{x})}{s^2 \sum_{i=1}^{n} \sum_{j=1}^{n} w_{ij}}$$

其中 n 为观测点个数，w_{ij} 为空间权重矩阵，x_i 和 x_j 代表地区 i 和 j 变量数值，$\bar{x} = \frac{1}{n}\sum_{i=1}^{n} x_i$，是 x_i 的平均值，$s^2 = \frac{1}{N}\sum_{i=1}^{n}(x_i - \bar{x})$ 是 x_i 的方差。

Moran' I 指数的取值范围为 [−1, 1]，正数表示空间集聚分布特征，即存在空间正相关性，值越大集聚特征越明显；负数表示空间发散分布特征，即存在空间负相关性，值越小发散特征越明显；等于 0 表示空间的随机分布特征，即不存在空间相关性。

引入一阶邻接“车标准”权重矩阵（rook contiguity），通过 GeoDa 软件对中国五普和六普中的转移劳动力人口数据进行计算得到图 3-2，图 3-2 是 2000 年和 2010 年中国转移劳动力人口的全局莫兰指数的比较情况。

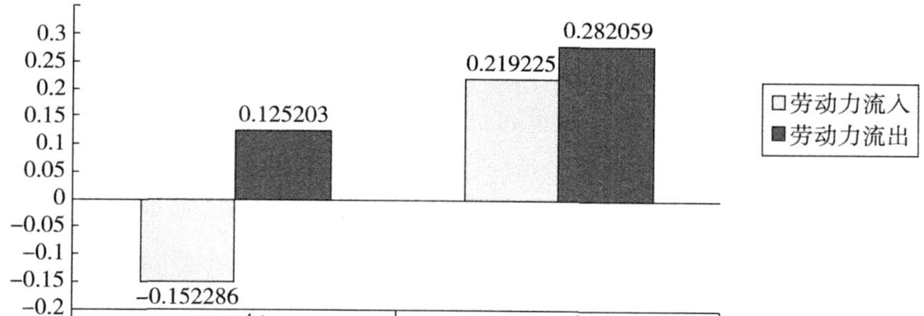

	2000年	2010年
□劳动力流入	−0.152286	0.219225
■劳动力流出	0.125203	0.282059

图 3-2　中国转移剩余劳动力流入和流出全局莫兰指数比较图

通过全局莫兰指数可以看出，目前，中国转移剩余劳动力人口存在着空间一定的集聚的特征。表现在：

（1）从中国转移劳动力的流入来看，在 2000 年时，中国转移劳动力人口流入的地域空间集聚情况中，莫兰指数为−0. 152286，接近于 0，也就是说基本上属于均匀分布，不存在空间集聚性，到了 2010 年中国转移劳动力人口空间分布的莫兰指数为 0. 219225。显著增加了，说明 10 年来，转移劳动力的空间集聚性趋势性明显增强了。

（2）从中国转移劳动力的流出来看，在 2000 年，中国转移劳动力人口流出的莫兰指数为 0. 125203，到 2010 年，莫兰指数变成了 0. 282059，莫兰指数的增加表明转移劳动力人口的空间集聚性增强了。从前面的劳动力流出空间分布地图中，我们也可以看出，事实上，劳动力流出的几个省份都是联通一片的，表现出了一定的空间集聚特性。

（二）莫兰散点图

莫兰散点图反映空间的局域空间分布状态，计算公式为：

$$I_i = \frac{(x_i - \bar{x})}{s^2} \sum_{i \neq j} w_{ij}(x_j - \bar{x})$$

I_i 为正表示变量存在局部空间正相关，为负则表示负相关，其他字母的含义见前面的莫兰指数。本研究利用 GeoDa 对中国五普和六普转移劳动力人口进行局部空间相关性的统计分析。

莫兰散点图的含义及其解释：

（1）高一高区域（HH）：它表示一个高水平区域被其他高水平区域包围；或者说，一个高水平区域和它周围区域有较小的空间差异程度；且区域自身和周边地区的福利水平均较高，二者的空间差异程度较小，存在较强的空间正相关，即为热点区。

（2）低一高区域（LH）：它表示高水平区域包围着一个低水平的区域，也就是说该区域的经济水平相比较周围邻居是比较低的，存在较强的空间负相关，即异质性突出。

（3）低一低区域（LL）：它表示该区域和它周围的其他区域都是低水平的区域，也就是说这个区域的经济水平是比较低的，二者的空间差异程度较小，存在较强的空间正相关。

（4）高一低区域（HL）：它表示一个区域是高水平，而周围其他的区域是低水平，也就是这个区域水平是比较高的，而且这个区域是有比较大的空间差异程度的；区域自身福利水平较高，周边地区较低，二者的空间差异程度较大，较强的空间负相关，即异质性突出。

基于这种准则，湖北省出生人口 2000 年和 2010 年莫兰散点图的空间集聚情况可以通过下表来总结（见表 3-7）。

表 3-7　　**中国转移劳动力莫兰散点图空间集聚表**

区域	2000 年		2010 年	
	流入	流出	流入	流出
高-高	福建	湖北，贵州	福建，浙江，江苏	云南，贵州，湖北，河南，山东
低-低	四川，湖北	–	–	–
低-高	江西	–	安徽，江西	–
高-低	新疆	–	新疆	–

说明：“–”表示该区域没有统计学显著性省份。

从表 3-7 中，我们首先看中国转移劳动力的流入分析，在中国五普的 2000

年，中国转移劳动力主要流入的是以福建为核心的珠江三角洲地区，而中部的四川和湖北流入人口就相对较少。在2010年的时候，中国的转移劳动力主要流入的是福建、浙江和江苏为核心的长江三角洲地区。从转移劳动力的流出分析来看，具有高度空间集聚性的流出地在五普中是贵州和湖北。而在六普中，这些高度空间集聚特性的省份连同了片状，分别是云南，贵州，湖北，河南和山东。它反映出中国转移劳动力流入和流出地空间上的集聚效应，也就是说，中国劳动力流入和流出过程现在表现出了空间聚集的特性，这种特性使得在六普中劳动力的流入和流出都在空间上高度集聚了。

五、总　结

通过对中国五普和六普数据为代表的新旧劳动力转移特征的分析，我们有如下一些基本结论：

（1）10年来，转移劳动力的在生理特征为主体的人力资源素质上发生了显著的变化。这种变化表现为：

①在文化程度上，劳动力中相对高学历文化程度的人数都在增加。

②在年龄上，相对具有经验丰富的中年人口的比重在增加。

③从转移劳动力的就业情况来看，转移劳动力的就业基本上在制造业领域中就业，但是其他需要技能和专业类岗位的就业人数也在开始增加。这些也从另外一个侧面说明了中国转移劳动力的素质在开始提高，高技能和专业内就业岗位的增加不过是劳动力素质提升的结果而已。

（2）中国的转移经历了从省内转移为主，到省外转移为主的阶段。在2000年前，劳动力的转移主要以省内转移为主，到了2010年之后，省内转移的态势变成了省外转移为主。这些也说明了人力资源的配置上已经脱离了地域的限制，劳动力已经在全国范围内开始依据资源的稀缺性原理配置人力资源。

（3）中国的转移劳动力的规模依然呈现出增加的趋势，在全国范围内，各个省份上存在劳动力转移不平衡的问题，有些省份劳动力转移的趋势在下降，有些省份劳动力转移的趋势在上升。尽管当前在中国一些地方出现了劳动力短缺的“民工荒”问题。但是从总量上看，中国的劳动力转移的任务依然没有完成，在全国范围内，劳动力转移的规模依然是增加的趋势。在局部省份上，有些省份的劳动力转移规模在下降。

（4）在空间地域上，中国的劳动力转移具有空间相关性。也就是说劳动力转移规模大的省份影响了周边省份的劳动力转移情况，造成这些省份的劳动力转移规模也相对较大。

第四章　中国劳动力转移面临的新问题

一、劳动力转移新问题的含义

自 1978 年实施改革开放及在农村地区实施家庭联产承包责任制以来，中国的农业剩余劳动力从隐性逐渐开始变成显性，成千上万农业剩余劳动力开始从农业进入非农领域就业，并在 1994 年前后开始形成了波浪壮阔的民工潮，每年春节之后，成千上万的农业剩余劳动力集聚在各地的火车站、汽车站候车，到南方去寻找工作机会。应该说，中国的农业剩余劳动力转移并不是一帆风顺的，其中有许多在当时看起来无法解决的事情，但是随后创新和创造性措施最终安然地战胜了这些挑战。例如，对于如何寻找到就业的岗位，不久就出现了当时的乡镇企业大发展，让农业剩余劳动力就近实现了转移。在乡镇企业出现发展瓶颈之后，通过异地迁移，最终解决了劳动力的流动问题。所以说，解决问题的方法总是比困难多。

尽管中国农业剩余劳动力转移之路一直磕磕碰碰，遇到许多的困难和障碍，甚至这些障碍在特定时间看起来都无法解决，但是总体上劳动力的转移还是比较顺利，中国人的智慧和创造性最终都突破了这些发展中的瓶颈问题，让劳动力的转移最终顺利进行下去。所以说，中国剩余劳动力转移发展过程一直是在矛盾和解决矛盾的冲突中踟蹰前行的。从“离土不离乡”到“离土又离乡”的发展历程揭示着中国劳动力转移历程的螺旋式发展和扬弃的过程。

时至今日，中国劳动力转移的环境以及劳动者本身的状态都已经发生了许多的变化，这些变化在前面章节中进行了描述，在此不再赘述。前面章节中对劳动力转移的环境和劳动者特征变化的分析与讨论都是分开进行的。劳动力转移的环境和劳动者特征的分开分析和孤立进行，这个只是本研究在研究结构上的一种简单化处理。事实上，劳动力转移环境变量和劳动力转移本身之间是相互作用和影响的。劳动力转移的环境和劳动力转移之间是耦合发展的，甚至是互为因果的，有时都很难区分究竟是环境影响特征，还是特征影响环境。当把研究的视角放大一点，把劳动力转移和劳动力转移的环境作为一个整体系统来看待，而不是局限于劳动力转移本身的细节或者劳动力转移环境的细节时，就会发现两者之间相互作用产生的新的问题。

总的来看，良性的外部环境是劳动力转移的必要条件，而劳动力转移进行到一定阶段，会对环境提出新的要求，劳动力转移会从量变到质变，会改变其转移环境和条件，形成劳动力转移的新的起点，并且以递归和反馈的方式推动事情从简单到复杂、从低级到高级的发展。例如工业化和城镇化的发展为劳动力的转移创造了条件，而劳动力的顺利转移，会促进经济增长，提高国民经济的总量，最终为持续工业投资创造条件，使得工业化的进程向广度和深度前进。更广泛的工业化又会有利于劳动力转移的进行。当然，上面的设想是一种正向和良性的循环。还有一种情况是，缺乏资本，无法进行工业化，无法带来劳动力的转移的另一种负向和恶性的循环。因此，对于劳动力转移新环境和劳动力转移新特征之间的矛盾和冲突的分析是必要的，可以为我们前瞻性把握劳动力转移的新方向提供动力和线索。

我们把劳动力转移的环境和劳动力转移特征之间的相互作用过程中，劳动力转移环境和劳动力特征之间由匹配到不匹配，再到匹配，甚至重新出现新的不匹配的动态变化过程中的矛盾和冲突事件，称为劳动力转移的问题。

而所谓劳动力转移的新问题指的是以 2008 年为时间分割点，2008 年之后的劳动力转移问题相对于 2008 年之前的劳动力转移问题的新情况和新特点。进入 2008 年以来，中国的经济规模总量在 2010 年超越日本成为世界上第二大经济体。中国的经济发展进入了新的阶段。中国经济目前正在进入一个经济结构转型的阶段。中国的劳动力在这个阶段中，劳动力转移的环境和劳动者之间的相互互动中产生出了与以往不同的主题和任务，本章节中将分析这些矛盾和问题，并为后续章节中寻找到解决中国劳动力转移的新的模式提供思路。

对这些新问题的分析，可以为我们找到两者之间重新实现匹配的途径，也就是寻找到解决问题的方法。理论研究不是空中楼阁，而是建立在实践基础上。对具体实践进行分析，为消除实践上发展中的不平衡性提出解决问题的方法，对劳动力转移中的新问题的分析，可以实现这个目标。这种做法将使得中国的劳动力转移能够持续进行，直至中国最终完成了劳动力的转移，从一个农业化国家变成了一个工业化的国家，农业生产的报酬效率和工业生产的报酬效率相等，城乡差别消失，不再存在农业剩余劳动人口。因此，找到中国劳动力转移环境和特征之间的矛盾和冲突就显得有些重要了。

那么，中国劳动力转移环境和劳动力转移特征之间的矛盾和冲突体现在哪些方面呢？我们认为，这种冲突体现在如下方面：

（1）劳动力转移数量导致劳动力转移环境的冲突。这个主要体现在如下几个方面：

①民工潮和民工荒的变化上，换成另一个问题就是中国还有剩余劳动力可以转移吗？

②劳动力转移后农村的社会经济发展，即留守儿童的教育问题，以及留守人口的社会生产率问题等。

③劳动力转移进入城市的融合的困难和冲突，例如进城务工人员的市民化和第二代进城务工人员的市民化问题。

（2）劳动力转移环境变化导致劳动力转移的冲突。这个主要体现在几个方面：

①全球化进程。中国的工业化已经进入了重化工业化阶段，中国的新型工业化和产业结构转型都让劳动密集型产业在经济结构中的比重出现了下降，这样带来了中国劳动力转型容量不足的问题。与此同时，当前世界各国对于制造业在本地落户的争夺和竞争非常激烈。在西方发达国家甚至开始动用贸易战的手段来限制本国产业的外部转移，已经争夺其他国家的产业到本国来落户。当前全世界面临着全球化浪潮和逆全球化两种浪潮的斗争。制造业目前正处于这两种浪潮的焦点环节，世界各国都把保护就业放在了首要位置。如何看待这个问题，对中国的劳动力转移有什么影响，这是必须要关注的。

②国家宏观用工制度的变化，例如劳动合同法对劳动力转移的影响。中国的劳动合同制度在2008年前后出现了一些变化。这些变化对劳动力转移成本，和对用工单位方面都提出了新的要求，这些对劳动力转移构成了新的约束，作为劳动力有关的重要制度，这种用工制度的变化导致劳动力转移中出现的新问题，是有必要进行探讨的。

上述主题可以用图4-1所示的概念框架来展示。

图4-1提供了一个全景式的中国劳动力转移的新问题分析框架，接下来我们

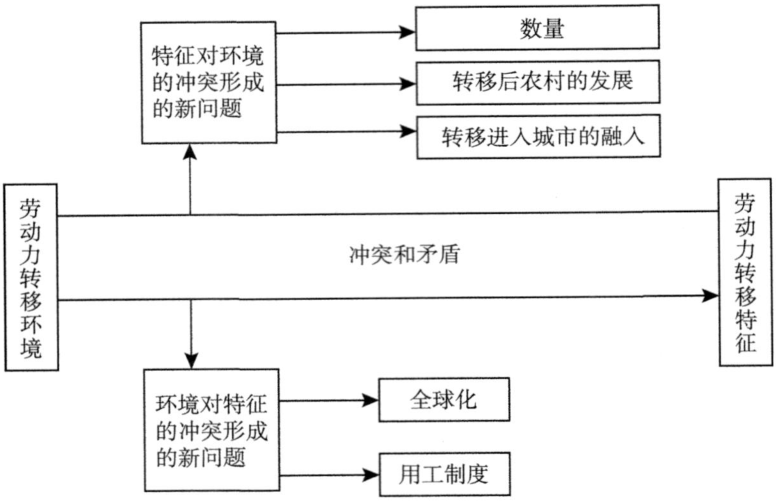

图 4-1　中国劳动力新问题的概念框架图

将对上述分析框架的具体内容进行分析。

由于本章节我们只想客观探讨出现的问题，因此，本章节并不寻求对于上述问题的解决方案和措施，在有关分析中，我们将只是客观提出问题，分析当前理论上对这些问题的看法，并且对这些观点进行简单的评析，我们也会对相关问题的社会或者经济后果进行一些阐述，作为一揽子解决问题的方案，将在本书的最后章节，也就是针对中国劳动力转移解决的对策和措施部分进行详细说明。

二、中国农业剩余劳动力转移任务的评估问题

（一）如何认识中国劳动力转移的状态

在 1990 年之后，在中国的大地上每年都出现了所谓的“民工潮”现象。大量的外出务工人员在春节前后集聚在火车站，汽车站，等待着乘车到务工地的现象。这种现象持续了接近 20 年。一些用工需求单位在迁入地车站码头设置一个临时招募点就可以招聘到足够数量的进城务工人员。时间到了 2010 年，这个状态发生了改变。在很多的务工地，招募人员发现，工厂下达的招募指标往往很难完成，出现了“用工荒”的问题。“民工荒”现象由此浮出水面。

针对中国未来劳动力供求变化趋势，国内存在“劳动力短缺论”和“劳动力供大于求论”两种截然不同的观点。

劳动力供大于求论的主要观点是：中国是一个劳动力数量大国，尽管在若干领域和行业出现了劳动力短缺的局面，但是从宏观整体看中国的劳动力供给，中国的劳动力过剩的局面依然存在，中国的农业剩余劳动力的转移任务依然没有结束，中国还存在农业剩余劳动力转移的问题。

劳动力短缺论的主要观点是：经过过去40年的中国农业剩余劳动力的转移进程，到今天为止，中国的农业剩余劳动力转移的任务已经结束，中国农业领域已经面临着无人可转的局面，这在工业生产领域带来了“民工荒”，中国的劳动力开始出现了短缺状态。

这两种观点，我们应该如何来看待呢？我们认为：

（1）我们要认识到，这种观点反映的是中国劳动力转移本身从量变到质变，到了一个关键的位置。在这个位置上，中国农业剩余劳动力转移面临着数量趋势的判定问题。对此问题的分歧本身反映的就是中国劳动力转移的新问题。

随着中国1980年之后计划生育政策的实施，中国的人口发生了快速的转变，中国人口生育模式已经从高生育、高死亡、高增长进入了低生育、低死亡、低增长阶段。这不仅仅带来了中国人口数量规模的变化，也带来了中国人口结构的变化。在劳动力供给上，现在确实面临着一个方向的判断问题，中国是否还存在农业领域剩余的劳动力需要进行转移？例如，蔡昉在劳动个体特征的基础上，测算了劳动力资源的配置情况，推算出来的结果是，在2008年农业中可供转移的劳动力规模为4300万人。这个结果和当时中国存在无限供给劳动力的观点存在很大的差异，也就是说，蔡昉认为中国的农业剩余转移人口基本结束，此后，在社科院出版的劳动与就业绿皮书中，更加表达了中国的劳动力转移的拐点已经到来，劳动力供给出现短缺的结论。

对中国农业剩余劳动力是否转移结束问题的回答是比较难的一个问题，要回答这个问题，我们需要知道农业领域所需求的劳动力数量是多少？农业领域现有的劳动力是多少？转移出去的劳动力又是多少？只有知道了上述三个参数，我们才知道剩余劳动力的绝对数量，以及转移出去的劳动力的数量。如果这两个数量之间，剩余的数量大致和转移出去的数量相等，我们就可以说，农业领域已经没有劳动力可以转移了，但是这些方面数据提取是存在困难的。

首先在于，农业劳动生产率都是一个动态的变化变化过程，随着社会的发展，技术的采用，单位土地吸纳的农业劳动力的数量一直在减少中，例如，在早期，牲畜（如牛）耕作的生活方式下，单位土地吸纳的劳动力要比人力耕作需要的劳动力要小。而农机的出现造成单位土地吸纳的劳动力比牲畜耕作方式下需要的劳力更加少。所以，在单考虑农业需要的劳动力，以此来计算剩余劳动力比较困难，因为这些一直在变动中，取决于生产效率的变化情况。而中国在工业化开始完成之后，当前在中国农业生产领域，大量的农机等生产工具开始在农业领域应用，这带来了中国农业生产效率的提高。所以，就绝对农业剩余劳动力而言，农业领域可能已经确实出现了很多学者所言，农业领域已经没有剩余劳动力可以转移的局面。但是农村地区先进农业技术的使用，使得中国农业领域相对劳动力的剩余一直都存在着。

其次在于，对于农业剩余劳动力的计算都存在模型的构建问题，既然是模型构建，就模型设计到指标的选取上，不同模型的构造方式和不同指标的数据来源都会导致模型在进行拟合之后，出现各种不同的结论。而且作为模型的构建，必然会忽略一些次要的因素，在模型构造过程中对认为不重要的某些情景进行忽略，这种忽略有时往往会蕴含着重大的错误。忽略也可能会引发最终结论的千差万别。社会经济的发展过程并不一定是线性的过程，而经济模型中的拟合分析恰恰很多都是线性分析过程。利用线性的模型来拟合非线性发展的社会经济现实，以此来回答中国农业领域是否存在劳动力转移的问题是相当困难的。

最后在于，中国农业领域剩余劳动力的各项指标数据收集非常困难。中国各级统计年鉴上，以及中国的国情普查调查中，都很少对剩余劳动力的指标进行详细统计，这就造成很多数据的获取都是由研究机构抽样完成的，或者依据模型来进行推测的。数据缺乏权威性，得出的结论对现实的说服力存在质疑。

（2）我们认为对中国农业剩余转移力是否完成需要用动态视野来进行审视。

在马克思主义世界观之下，世界是永恒运动的过程，存在从量变到质变的演化过程。中国农业剩余劳动力从 1979 年党的十一届三中全会开始启动至今已经经历了 40 年时间。从绝对数量来看，中国农业领域目前剩下的劳动力确实存在老妇幼现象，能够具有转移能力的劳动力确实都在工业领域从事非农就业去了。但是这并不意味着中国的农业剩余劳动力的转移任务就已经完成。这个论断的含义是：

首先，农业剩余劳动力转移的任务本身包含着两个环节。一是移得出，二是安得稳。从移得出的角度来看，中国有能力实施转移的劳动力确实已经转移完毕。很多学者得出中国农业剩余劳动力转移的任务已经完成基本也是基于这个现实，认为中国农业领域剩下的劳动力已经属于无法转移的劳动力，他们在知识技能、年龄状态、生理特点上已经使得他们无法进行转移。但是因此就说明中国农业剩余劳动力转移的任务就完成是偏颇的。因为，转移到城镇的劳动力能够在城镇稳定下来，并融入城市生活，成为新的市民的任务依然非常艰巨，这个任务不仅仅涉及就业的问题，还涉及婚育、自身住房、下一代的教育、养老、医疗等诸多问题。而安得稳作为农业剩余劳动力转移的重要环节，在当前并没有完成，还处于进行状态之中。

其次，即使在农业领域本身，随着中国工业户积累的高技术和高效率的工业装备在农业领域的广泛采用，各种包含现代技术的农业机械和农业器具在农业领域的广泛使用。农业领域的生产效率在广泛提高是一个不争的事实。单位农业生产效率的提高，带来的就是对农业从业人员就业的排斥，这些人口依然表现为相对过剩人口，也就是说，随着中国进入重工业化之后，中国的农业就业人口依然在不停产生相对过剩的状态。这也意味着，中国农业领域需要转移的劳动力还是有很多的潜力。正是基于这个原因，李克强同志在 2019 年 3 月 5 日的政府工作报告中指出，中国在 2019 年要推动 1400 万农业剩余劳动力向城镇转移。他在 2015 年 6 月 10 日的国务院常务会议上讲，中国进城务工人员总量 2014 年已达到 2.74 亿，每年还有新增 600 多万农村剩余劳动力。

最后，站在历史的高度看未来，中国当前正在进行深刻的社会变革之中，工业反哺农业，信息技术和互联网+的广泛使用，都在对农业领域的生产效率提高带来影响。也就是说，传统农业正在被现代化的技术尽心改造，中国农业相对剩余问题并没有结束，而依然处于方兴未艾的局面。站在这个角度来看，中国农业剩余劳动力的转移问题依然没有完成。对农业剩余劳动力的研究和跟踪不能有丝毫的忽略。

（二）本研究的结论

基于上述分析，本研究认为中国的农业剩余劳动力的转移任务并没有完成。表现在三个方面：

（1）中国工业化进步引发的技术进步向农业扩散，农业生产效率提高造成新的农业剩余劳动力人口，这部分人口依然存在需要进行转移的问题。而且随着中国工业结构转型和升级，中国工业领域的技术进步向农业领域的扩散过程越来越严重，造成农业领域的技术进步非常快。在中国北方，很多地方都开始出现了大型联合收割机开始收割农作物的场景，这使得传统上貌似已经劳动力转移任务已经完成的地区，新的剩余劳动力又开始出现了。在中国南方尽管存在很多丘陵地带，土地被零碎化，即使是零碎化的土地，农机小型化也使得单个的劳动力可以管理更多的土地，这种状态也使得劳动力重新出现了剩余。

（2）与第一个问题相匹配，随着农业生产技术的提升，当前农业劳动力面临着素质的提升问题。农机技术的提升对操作人员技能提出了更高的要求。但是在农业生产领域，能够转移出去的劳动力，都是人力资本素质相对较高的劳动力，剩下的劳动力在技能、教育水平和身体状态上都是相对较弱人力资本的劳动力，这就产生一个问题，如何提升这些劳动力的知识和技能素质，使之适应农业生产水平提高的状态。

（3）中国国土面积相对较大，各个地方的情况很不相同，劳动力转移的问题呈现的是结构性问题。从整体上看，中国在有些区域劳动力的数量转移确实已经完成，成为无人可转的局面。但是在其他地区，在该地新技术和新机械采用过程中，新的农业剩余人口正在不断产生之中。这使得中国的农业剩余劳动力转移一直以一种结构性转移的状态出现。

（4）中国已经转移出去的劳动力市民化任务依然没有完成。移得出是农业剩余劳动力转移的第一步，最终融入城市生活是农业剩余劳动力转移的最终归宿，也是农业剩余劳动力转移完成的标志。自 1978 年改革开放算起，尽管中国剩余劳动力的转移经历了 40 年的时间，但是这 40 年来，中国的劳动力的转移一直是劳动力数量的转移问题，造成这些劳动力转移的状态一直呈现不稳定状态，很多劳动力返乡情况非常严重，他们无法融入迁移地，成为一个永久性的居民。因此，中国剩余劳动力的转移的任务要从劳动力数量的转移转变到劳动力人本身的转移上来，这意味着劳动力必须融入迁移地，能够安得稳，安居乐业，这样才是完整的劳动力转移任务的终结。

三、中国农村的实现可持续发展问题

（一）农业剩余劳动力转移引发的系列经济社会问题

作为农业剩余劳动力转移之后的重大社会问题，就是农业领域在部分劳动力转移走之后，农业，农村地区的发展问题。从表面上看农业剩余劳动力的转移问题是农业领域本身的问题，实际上，人口离开农村引发的后果是农村地区的发展问题。农业剩余劳动力的转移不是一个孤立存在的变量。这个变量的变化对与之相关的其他部分都带来了重大的影响，引发了一系列的农村社会经济可持续发展有关的问题。这些问题包括：

1. 农业本身的生产和发展问题

农业剩余劳动力的转移，相对而言，都是人力资本相对高的劳动力，例如年龄优势（年轻），知识优势（相对文化程度高），体格优势（身体健康）的劳动力被转移出去了。而在农业领域剩下的劳动力，相对属于人力资本的含量较差的劳动力了（俗称“老弱病残”）。虽然现代农业生产工具（例如各种农机的广泛采用）减轻了农业生产对于体力的要求，这些人力资本相对较差也能够维持农业的生产和经营活动。但是现代农业生产工具和技术对于人的素质要求更高了。这直接导致，现代农业生产技术和留守劳动力素质之间的矛盾问题。即留守人员无法对过去的土地进行全面性经营，从而造成了大面积的农田被荒废，抛荒现象（虽然抛荒现象还存在其他的一些因素，但是毋庸置疑的是，农业生产性人员的减少是绝对的主要因素）。一份调查报告显示，① 在四王子旗的巨巾号乡，全乡人口 1.7 万，现有耕地 1.5 万公顷，其中坡粱地 1.3 万公顷，滩水地 0.2 万公顷，人均 0.89 公顷耕地。全乡八个行政村都存在土地弃耕现象。在阿拉善图村，该村耕地 2266.7 公顷，有 200 多公顷的耕地被抛荒弃耕了。这种抛荒弃耕现象在全国而言，不是个案问题，而是一个普遍性问题。

农业的生产经营活动是一个土地集约型的生产经营活动。当土地被大规模抛荒之后，直接后果是农业的土地总产出开始降低，中国的粮食安全无法得到保障。“无农不稳”，中国这样一个大国，自己自主性粮食生产不足的话，无法把粮食安全寄托到其他国家的手中，如果自己没有粮食生产的底线思维，把粮食安全寄托于外国农业大国手中，直接后果就是粮食成为其他国家压制中国发展的武器，对中国其他各行各业的发展都会形成制约作用。2018—2019 年，美国人针对中国半导体芯片的限供问题，以及日本对韩国的半导体材料的限供问题，都给我们提供了非常生动的自主性供应重要性的课程。

① 常振亮，陈军林．对农村土地撂荒问题的调查．农村牧区机械化，1995（2）.

对于当前农业领域的发展问题，并不需要重新开始走回头路，把工业领域的人口重新流转至农业领域，而必须在基于现今科技进步，社会发展的脉络上，对中国农业剩余人口转移到工业之后的现实，以此为立足点和初始条件，结合中国新型工业化、新型城镇化和信息化的特点要求，利用工业反哺农业的机会，利用科技进步来解决中国农业的生产发展问题。在此时，需要综合考虑中国的土地制度对于新农业生产技术的制约状态，采取开放性思维，继续改革开放和深化改革，促使中国的农业生产活动焕发出新的生机。

2. 村落的衰败带来传统文化无法传承的问题

随着越来越多的人口转移到城市，中国农村地域上很多传统的村落由于人数减少，而开始出现衰败的景象。农村人口不仅仅是生产、生活的承担者，他们在农村的世世代代生活行为，也形成了各地独特的乡村文化。而且有些地区还保留着中国古老文化在实物、语言等方面的痕迹，例如中国客家人集居区域，就是中国古代中原河洛古音的保存地区，是研究中国古代文化变迁的重要实物参考资料。

有些地区的风俗习惯和文化传承都可以归结到幽怨的历史源头上去，但是，随着人口大规模迁移出农村之后，很多文化传承开始找不到传承者，而沉寂于历史的长河之中去了。而中国的文化及其现象才是中华文明屹立于世界几千年绵绵不断的主要原因。现在很多农村乡土气息的文化，都是中国古代几千年农业生产过程中积极因素的体现。但是，这些现象在工业文明时代，以及人口不断减少的情况之下，开始出现了文化断代的问题，有很多古代存在的生产工业，生活技能，包括饮食、作息等，随着人口减少，开始出现凋零和消失的局面。

事实上，中国农村地区的很多文化现象都是中国非常优秀的旅游资源。为了挽救文化消失这种状态，在中国一些地区开始进行了特色一些小镇的建设活动，各个地区想通过特色小镇建设力图把中国传统的乡土文化保存下来。但是要把传统文化保存下来的最核心问题，还是需要人口能够在乡村集聚，文化是由人口来承载的。因此，只有对中国农村实施振兴计划，通过农村领域经济的发展，从而重新集聚适量的人口，才可以保持传统文化的生生不灭。

对于中国乡村振兴和文化的传承问题是一个人口迁移之后农村发展出现问题之后的另外一个新的问题。作为人口迁移而言，乡村传统文化的衰退和消亡现象，需要引起我们足够的关注。

3. 农村社会生活的问题

大量的农业剩余劳动力离土又离乡，引发了农村地区大量的家庭矛盾和纠纷问题。表现在：

（1）家庭的破碎性，引发各种道德和犯罪问题。农村地区青壮年劳动力的迁出，导致农村地区的人口结构出现老龄化和妇幼化的特征。这些特征是典型的社会弱势特征，让很多的犯罪分子有机可乘，这造成农村地区社会发展的不可持续性。一些女性成员长期在独自承担农业活动，给一些犯罪人员有了可乘之机，这些留守人员被侵犯的案例在电视和其他新闻媒体上都被广泛报道。一些家庭外出成员长期在迁入地受到各种生活诱惑，也使得这些成员对于家庭的责任感减轻。长期的家庭分开，导致家庭成员之间在情感等方面都出现障碍，这使得家庭成员之间的关系的稳定性方面不具有可持续性，从而形成婚外情等状态，在道德上构成了对于婚姻忠诚的背叛。这些现象都成为农村地区家庭不稳定的源泉，形成各种社会矛盾问题。

（2）小孩情感教育的缺失问题。由于外出务工人员在外地打工，相对而言，收入水平都在迁入地的中下等水平，很多时候，外出务工人员往往没有足够的经济财力来支持居家迁移，一个或者多个家庭成员的外出务工带来的是家庭结构的不健全，小孩的教育一般都在流出地，并且大多是爷爷和奶奶照看。家庭长期的分居状态，使得小孩的成长在事实上处于分裂的家庭中，这种不完善的家庭生活模式构成了小孩健康成长的重大挑战。它包括两个方面：第一是下一辈儿童的教育和生活依赖于家庭老人等导致小孩子在精神和思想上的很多弊端，隔代亲使得其与父母之间的关系形成了冷漠的关系，并且小孩子缺乏父爱和母爱导致他们成长过程中情感生活的不持续性。第二是缺乏父母关怀和关照的小孩，由于心智上的不成熟，脱离了父母的保护，往往成为各种犯罪分子的目标，很多小孩子成为他们拐骗的对象。

（3）中国传统道德文化的丢失。在中国传统文化中，孝是放在第一位的。孝敬父母，尊敬老人是中国人的美德。随着家庭人口的分离，很多都是家庭年轻人口在外出打工，他们无法照顾自己的父母，照顾老人更是不可能。远亲不如近邻，即使是自己的亲生孩子，由于地理上的分隔，传统的家庭天伦之乐也成为了一个梦想，中国传统的道德文化开始出现问题。有时，尽管子女会给老人一点经济上的支持，但是亲情的缺失成为了一个无法弥补的遗憾。

（二）对农村社会经济问题的评估

上述问题的核心属于外出务工人员外出之后农村地区的可持续发展问题。总结上述问题，它包括两种，第一是农业发展的可持续性，第二是农村社会发展的可持续性。前一个问题的概念是比较清晰的，就是留守人员能否支撑农业的发展。农村社会的可持续性指的是农村社会生活中留守人员的教育，亲情和家庭关系的和谐性能够得到持续。

农村领域伴随劳动力转移而出现各种问题确实是很困扰人的。但是，反过来想，由此不对农业剩余劳动力进行转移，会不会有问题呢？答案是毋庸置疑的，如果剩余劳动力不进行转移，农村地区的富余劳动力无所事事，他们滞留于农村本身是社会资源的浪费，而且劳动力资源还不同于其他社会资源，不使用就会发生贬值，这些人员滞留于农村将进一步带来农村地区的贫困和其他的社会问题。所以说，人类社会的发展总是伴随着问题，并不断解决问题而得以发展的。农村领域出现的各种问题也必须用发展的眼光来看，并且用发展的思维来解决上述问题。对问题的任何抱怨无益于事情本身的解决。必须仔细思考隐藏于这些问题背后的各种关系和变量，抽丝剥茧，总可以找到关键的环节，从而形成解决问题的契机。

仔细思考中国的经济的背景，这些农村领域在经历了长达 40 年的劳动力转移之后，越来越多的积极因素开始展现出来，这些都形成了解决中国农业和农村发展问题的良好氛围，包括：

（1）中国经济实力的增强。改革开放 40 年之后，中国已经成了世界上的第二大经济体。2018 年，中国的人均 GDP 接近 1 万美元。经济实力的增强，使得中国政府在解决农村地区包括基础设施到社会文化生活上有了财力的保证。自 2008 年以来，中国政府的道路村村通计划，电信入户计划等使得农村地区的基础设施面貌出现了焕然一新的局面。现代科技手段在解决两地分离状态之下的人的情感沟通和心灵慰藉上起到了重要作用，通信的远程联系在小孩的教育和安全感的建立上提供了可能。

（2）产业结构转型和升级使得离土又离乡的劳动力转移模式开始向就地转移的方向发展，家庭分离的趋势开始在逆转。随着中国的产业结构转型和升级计划的实施，中国东部的传统加工业开始向中国中西部转移。过去中国中西部的劳动力长途跋涉到东部沿海地区进行就业的状态开始改变，东部传统加工业开始在中西部落户之后，中西部的劳动力在家门口就可以开始实现就业了。离土又离乡的就业模式开始重新转变为就近就业的模式，就业模式的改变改变了过去家庭分离的状态。而且随着中国产业结构转型的进一步推进，越来越多过去在东部的加工业都只能在西部找到匹配的劳动力和其他资源，实现资源的优化配置。产业在中西部的重新设置厂房和区域布局，让过去需要到沿海地区进行务工输出的劳动力，只需要在就近就可以实现就业，为家庭分离问题的解决提供了契机。

（3）中国重化工业的发展，为农业领域的大发展提供了物质基础。过去40年来，中国经济从轻工业最终发展到重化工业阶段。农村领域实际上为工业领域通过价格差，劳动力等方式为工业的发展做出了贡献。40年后，中国的重化工业完成之后，中国已经形成了全球产业结构链条非常完善的工业体系。在这种体系中，各种农业机械和高效率的农业器具都可以生产完成，这为农业领域的发展提供了装备和技术基础，是农业可持续发展的基本物质和技术保障。不仅如此，中国重工业化的发展也为工业反哺农业提供了可能。农业的重工业改造可以改造农业的生产效率，本身对于农业的生产经营是有贡献的。

（4）人的素质和能力开始提高。务工人员在流出地多年的就业和打拼，开拓了视野，在“干中学”的过程中，务工人员的能力也得到了极大的提高。在流入地生活的过程中，培育了自己的人际关系和生活圈子，这些都构成了外出务工人员社会资本的增强状态，外出务工人员的素质和行动能力都得到了极大的提升。外出流入地和自己家乡之间的差距，让这些见过世面，具备现代商业和生产技能的人员开始思索如何把自己的能力在家乡进行运用，外出务工人员回乡创业的热情也开始高涨。这些行为受政府所鼓励，符合产业结构转移和升级的潮流，对于农村和农业的发展都构成了强有力的支撑，是农业和农村发展的人才保障。

（5）科技的进步使得传统的劳动力就业所必须具备的要素产供销必须严格一地的状态发生了改变。柔性生产、网络销售、SOHU工作、灵活就业的工作模式已经成为了可能。过去由于技术原因，过去产供销只能在某一个地方的状态发生了改变，劳动者可以在本地实现生产并通过电子商务的形式把产品出售出去，互联网络已经把过去生产要素全部密集在某一特定区域的状态改变为一个分散的分布式生产的模式。这样劳动力离土又离乡不是一个必需的选项。很多的工作场景可以转移到本地进行，从而让家庭分离的格局得到改善。并且互联网中提供的各种信息，克服了劳动和资本之间信息不对称的问题，使得劳动力在自身权益上的议价能力越来越强，从而改变了过去劳动力在异地就业中的弱势地位，劳动者的利益保护状态得到了大大的提高。事实上，很多地区的农产品生产销售借助于互联网都成了当地的特色产业。

综上所述，中国农村和农业的可持续发展的积极因素已经越来越清晰，这些积极因素为解决中国剩余劳动力转移之后的农村和农业发展提供了出路。中国农村和农业的可持续发展问题，必须放在发展的角度上来看才会形成最终的解决思路。各种传统文化中的局部环节被历史所遗弃是历史上的必然，我们不能够固守成规，认为祖宗遗留下来的东西就不能扬弃，实际上，中国古代的很多文化在现在社会发展中，由于与时代脱节越来越严重之后，最终都被时代所扬弃，而这些被扬弃的部分，从历史发展的角度看，确实存在于时代不一致的部分。所以，最终中国农业和农村的可持续发展，只要符合与时俱进的原则，符合节约资源，节约成本，并能够促进农村和农民福祉、获得感最大化的原则之下，会形成最终的解决思路，这个思路就是发展的视角。

四、转移劳动力的市民化问题

农业剩余劳动力转移的任务不仅仅包括移得出，还必须是安得稳。要安得稳，必须让转移劳动力能够彻底融入迁入地，这就要求对于转移出来的劳动力实现市民化。

经历了 40 年的中国劳动力转移，当前的转移劳动力已经和 40 年前的转移劳动力在思想和精神状态上出现了很多的不同了，这是中国农业转移劳动力代际转换的问题。如果以民工潮开始出现的 1990 年开始到 2008 年为止的转移劳动力称之为第一代劳动力转移，而 2008 年之后的劳动力转移称之为第二代劳动力转移（简称为新生代进城务工人员），这两代农业剩余转移劳动人口在年龄，教育，生活观念等各个层面上都出现截然不同的差距。

代际上的两代进城务工人员有什么差别呢？这些差别在于：

（1）年龄状态不同。第一代进城务工人员到现在基本都开始进入了退休和退出劳动力的阶段；而新生代进城务工人员的年龄处于工作年龄段，基本都在 20~30 岁的阶段，正是劳动力劳动年龄的黄金时期。

（2）受教育的状态不同。第一代进城务工人员受教育程度普遍性较低，在 1990 年之前，中国没有普及义务教育，很多的学龄童流学，造成当时的人的受教育程度普遍性较低。随后很多人外出务工人员基本都是凭借体力获得劳动报酬；而新生代进城务工人员所成长的社会环境中，中国的9年义务教育开始普及，老一代人口在生活经历上的体验使得他们开始重视对小孩子的教育事情，小孩子的受教育程度相对较高，由此造成新一代进城务工人员在就业岗位上的技术含量要超越他们的父母辈。

（3）生活的观念不同。第一代进城务工人员当时外出务工是别无选择的状态下外出，目的在于为整个家庭某一个出路，所以，在工作岗位上，以生存为目标，愿意接受各种累、苦、缺乏安全防护的工作岗位，并且在工作岗位上任劳任怨，没有任何抱怨。新一代进城务工人员的个人意识开始崛起，开始看重和保护个人的权益情况，在工作岗位上，对于工作岗位的劳累上的接受度开始下降。相对，新一代进城务工人员由于是在老一代进城务工人员的基础上进行外出务工，基本属于以发展为目标，在生活的态度上，都存在一定程度的享乐主义，追求个人的感受。

（4）家庭的背负情况不同。对于老一代进城务工人员而言，外出打工就是家庭的经济来源之所在，70年代出生的人口，中国还没有实施计划生育政策，这些人口一般家庭都相对较大，属于大家庭，家庭人口多，家庭负担重。整个家族对老一代进城务工人员外出寄予了很强烈的经济期望。老一代进城务工人员强烈的责任感使得他们本身也愿意通过努力劳动为家庭提供经济支撑。也就是说，他们是家庭的经济顶梁柱。而新生代进城务工人员，很多都是独生子女，家庭的规模已经小了很多，他们不像自己的父辈，承担了整个家族的经济责任。而父母一辈，相对经济都开始稳定下来。甚至他们不需要再来对父母进行补贴。他们只需要照顾好自己就是全家的福气。新生代进城务工人员的负担已经大大减轻了。

（5）对农村和农业的感情不同。老一代进城务工人员的成长时期都是在农村领域成长，这种成长的经历深深地镌刻于自己的记忆之中，导致他们对于农村的生活充满的眷念，记忆中包含了很多与农业生产有关的知识和情景，对于这些场景倍感亲切。新一代进城务工人员的成长环境和老一代的成长环境显著不同。新一代进城务工人员缺乏老一代进城务工人员缺衣少食的记忆，相对上幼年时期的生活已经开始脱离了物质绝对贫困的阶段。更加主要的是，他们很多人都被父母接到流出地读书，所以他们的童年很多都是在流入地和流出地之间进行场景的切换，由此造成他们农村的生活碎片化了，他们童年、幼年时期，参与各种农业活动的时间都很短，而所有的伙伴关系主要集中在打工地，最终引发了他们对于农村和农业生活感情的淡薄，而对都市生活的感情更加强烈。

老一代进城务工人员当前都开始陆续进入了退休和退出劳动的阶段，这些第一代进城务工人员都有着强烈的落叶归根的情愫。他们年轻时在外面进行打拼，而希望老年在农村颐养天年。实际上，可能老一代进城务工人员都开始返乡回到自己的老家颐养天年。这些人口要进行融入城市是比较困难的。而新生代进城务工人员的成长过程都是与城市有关，他们对于城市的感情比农村的感情深厚，这为他们融入城市提供了可能。因此，在研究和实践上更加要把新生代进城务工人员的转移安置作为劳动力转移的主要任务。要实现对于新生代进城务工人员的融入城市研究，必须看待对于新生代进城务工人员而言，他们在劳动力转移上面临着一些困难和挑战，包括：

第一，新生代进城务工人员在农村和城市都没有归属感，存在强烈的地域认同问题。新生代进城务工人员的成长过程可能在城市中，但是由于父母的原因，在城市的成长过程可能会不停地穿插农村的生活场景。从而形成了城市的碎片化成长过程。新生代进城务工人员在农村生活的时间较短，很多的时候都是在务工地生活，甚至很多人就是在务工地出生，生活环境与农业生产几乎没有什么关联性，除了籍贯还在农村，或者按照户籍的规定，还在农村地区保留了一定的土地和宅基地，或者仅仅是有一些亲属生活在农村，但是本质上他们的生活已经脱离了农村，对农村的生活记忆很少，他们的人际关系网络除了亲戚关系在农村，其他的各种朋友圈，职业圈都是与城市相关。但是新生代进城务工人员由于农村户籍的原因，在工作、生活、教育、医疗等方面按照现今的政策与居住地城镇居民存在显著的差别。在医疗、教育、社会保障等领域的待遇和保障条件上存在不一样待遇，让他们能够明显感觉到与常住地的居民是不一样的。这样就带来了一种身份的错觉。在农村地区，他们没有归属感，在常住地，他们不能够被常住地所认同，由此形成回农村回不去，在城市又无法认同的矛盾状态。

第二，新生代进城务工人员无法融入当地社会，形成强烈的身份认同问题。新生代进城务工人员在工作种类、职位上和工资水平上，只能获得当地社会平均水平以下的程度，这种不公平性带给人强烈的经济挫败感。由于就业保护的原因，很多地区在进行招工等环节都设置了本地人优先的条款，这些歧视性措施的设置，使得新生代进城务工人员在工种和工资水平上都要相对本地人低。这种歧视性政策使得新生代进城务工人员在经济上无法融入当地社会。在社会福利上，各种医疗、教育、住房等社会福利政策都是和户籍挂钩的，新生代进城务工人员无法享受到本地人的待遇。当前，很多地方进行房屋限购，都是要求具有本地户籍并且缴纳了一定年限的社会保障费之后才有资格在居住地购买房屋，而很多新生代进城务工人员本身从事的就是流动性很高的职业，这带来他们看着房屋，而没有资格购买。生病了，也没法像城里人一样，获得医疗保障保护。种种生活的限制措施，让新生代进城务工人员陷入焦虑状态。新生代进城务工人员在城市生活，但是各种歧视性措施使得他们并不是城市人口，造成新生代进城务工人员强烈的身份认同困境。

第三，新生代进城务工人员在自我发展上的困惑。人生活在这个世界上，要解决的问题有两个，一是生存，二是发展。新生代进城务工人员在城市生活，寻找到一份工作，解决自己的生存问题并不是一个困难。困难在于自我提升和发展，这是非常困难的。要实现自我提升是有很多的要件的，例如，一个好的发展平台，自身受过很好的教育，自身的素质能够对外界的变化有敏感性，有足够的资源去实现自己的理想。但是现实中，新生代进城务工人员在资源储备上存在严重的不足。要寻找到一个很好的平台，这就非常困难，其次，在知识储备上，在社会关系网上，他们都存在严重的欠缺，这使得他们要能够实现自我发展存在很多的困难，陷入发展困境，即没有资源实现自我发展，从而进一步降低了发展的预期，并形成了恶性循环。

对于新老两代不同类型的进城务工人员的出路问题，本研究的基本看法如下：

（1）国家有必要肩负起对老一代进城务工人员的养老，医疗等切实的社会责任。老一代进城务工人员尽管现在已经老去，并持续进入退休的年龄，他们为国家的经济建设是作出了重要贡献的。他们在年轻时，背井离乡，拿着微薄的工资，承担着国家的很多基础设施工程的建设，在流水线上通过辛勤的劳动，为国家赚取外汇，为世界提供着各种中国制造的产品，中国成为世界工厂有他们的功劳。但是在务工地，当地政府并没有为他们提供各种养老、医疗等社会保障的政策支持。而且，他们所获得的劳动报酬与他们进行的各种付出之间也存在着不对等的问题。现在他们退出劳动力市场，国家如果不在医疗和养老等方面对他们的生存和生计上给予政策扶持，很多人立即会陷入绝对贫困的境地。事实上，这些案例已经在开始发生。从以人为本的角度出发，这些老一代进城务工人员的老年生活必须受到各级政府的重视和关怀。习主席为首的党中央也一直把扶贫工作作为考核各级政府工作的首要标准。中国当前的财力和国力为这部分人口提供必要的医疗和养老保障是有足够的经济基础的。与此同时，这些人口本省的消费也会为社会经济的增长起到一定的推动功能。

（2）对于新一代进城务工人员的市民化问题应该是当前农业剩余劳动力转移安置的主要任务。要让新一代进城务工人员能够切实在城市安居乐业，一个重要的指导思想是需要对这些新一代进城务工人员采取国民待遇。尽管在一个国家生活，对于农村人口进入城市生活，国家还是在住房、教育、医疗和养老等方面对进城务工人员进行了很多的限制，例如住房的问题，很多城市就有住房的购买限制政策。在医疗方面农村的农合保障和城市的医疗保障之间，在待遇、品种、用途等各个方面都存在着严重的差别。这种差别对于新一代进城务工人员在城市生活是一种歧视性生活，加大了他们融入城市生活的难度。在如何制定出科学合理的进城务工人员市民化政策，各级机构都是有很多事情可以做的，由于本章节只是提出这些问题，并不打算在于详细对策方面加以赘述，算是一个问题的提出。

（3）新生代进城务工人员的市民化目前积极因素在增加，这个问题是可以解决的。造成这个趋势的主要原因在于：①过去中国进城务工人员进行市民化的过程，各地最头疼的就是市民化的成本政府进行统筹财政上非常困难，各级政府财政上财力都不够。在经历了 40 年的经济发展之后，中国在经济总量上成为世界第二大经济体之后，政府的财力也得到了极大的充实，进城务工人员进行市民化所需要的资金，政府现在有财力支持。②新生代进城务工人员目前都普遍经历了义务教育之上的教育，他们的文化素质比起他们的前辈而言，已经大大提高了，这带来他们的文化和精神境界不同于他们的前辈了，在整体综合素质上，他们已经具备了城市文明生活的必要条件。③在年龄上，新生代进城务工人员他们正处于人生的黄金年龄期。他们的身上背负的压力相对于他们的长辈而言是比较小的。对上一代人而言，往往必须为全家寻求到一个出路，而对于新生代进城务工人员而言，很多都是独生子女，他们的背后承载是相对小的，他们正处于社会财富的创造期，是流入地的宝贵的财富。当前，很多城市的各种抢人政策都反映出，流入地对新生代进城务工人员认识上的改变。他们对社会经济发展的驱动力贡献得到了各级政府的认可。

五、劳动合同法对劳动力转移的影响问题

（一）劳动合同法的修改及其主要内容

1. 中国劳动合同法的历史

中国的用工制度只要体现在劳动合同法上了。自改革开放以来，中国对于劳动用工制度经历了一个不断深化的过程。总体看，经历了三个时期。

第一个时期大概在 1979 年到 1991 年，中国开始人口流动等一系列事件发生，但是从总体上看，当时的中国企业几乎是依附于各级行政主体，劳动力与企业之间是一种依附式的劳动用工关系。尽管实践中，由于承包关系的存在出现了契约式的用工关系，但是总体上当时国有企业、集体企业是中国企业产权的主要形式，其他形式的用工制度几乎被忽视了。在大量农村剩余劳动力开始转移之后，个体经济开始蓬勃发展，国有企业改革放权之后，依附于行政体系的用工制度开始向契约式用工关系转变。1986 年，国务院制定了四个文件，即《国营企业实行劳动合同制暂行规定》《国营企业招用工人暂行规定》《国营企业辞退违纪职工暂行规定》和《国营企业职工待业保险暂行规定》，这标志着中国的用工制度开始从行政性用工体制向市场用工制度转变。其特点是：第一，承认中国出现了不同于以往的用工形式，在国企新增职工上，实行契约式管理，形成了合同工和固定工两种制度并存局面。第二，对外商这种典型市场经济的经济内省，只能在特定区域，主要是在特区内设厂，开展经营，是一种受管制的劳动合同关系。第三，行政力量介入合资企业招募员工和工资的调整。但是，随着社会发展，国家对外商的行政约束减少，包括其他类型的用工都朝市场化方向发展。

第二个时期是 1992 年到 2001 年。1992 年是中国在党的十四大上正式确立走中国特色的社会主义市场经济的道路的年份，2001 年是中国正式加入 WTO 的年份。这两个年份都是有明确的标志性意义的。在中国确立走社会主义市场经济道路之后，中国的各类产权市场开始发展，国有企业，私营企业，民营企业，外资企业等各类企业蓬勃发展，为了规范这些企业的用工，国家出台了《关于扩大试行全员劳动合同制的通知》，并在 1994 年 7 月，八届全国人大常委会八次会议通

过了《中华人民共和国劳动法》（以下称《劳动法》）。这部《劳动法》打破了企业的所有制界限，所有企业执行统一的劳动规则和标准，并要求用人单位和劳动者之间必须签订劳动合同关系，权利和义务通过劳资双方平等协商。但是这部《劳动法》也存在诸多问题：由于劳资双方在产权博弈中的不平等，劳动者的权益往往受到侵害。最终在国企中，下岗职工和失业人员的再就业以及如何对下岗职工进行安置及补偿时，职工利益受损；在非国企中，劳动合同虚无化、劳动安全卫生标准滞后、超时劳动等问题都不断发生。由此引发很多集体停工等群体性事件的发生。

第三个时期是 2001—2007 年。随着中国社会主义市场经济方向的确定，中国社会劳动用工形式出现多样化局面，出现了新型的劳动关系形势，如非全日制用工、劳务派遣工、家庭用工、个人用工等。劳动合同法本身执行中也存在一些问题：例如用人单位劳动合同形式化、虚无化、劳动合同短期化、滥用试用期、用人单位随意解除劳动合同、把正常的劳动用工变为劳务派遣等，劳动者的权益得不到保护等。国家在 2007 年 6 月颁布了修改之后的《中华人民共和国劳动合同法》（以下称《劳动合同法》）。这个法律加强了对劳动者的保护，对各种损害劳动者权益的行为加大了处罚力度，对不签订合同、无故辞退员工、滥用试用期等各种行为加大了处罚力度，并且鼓励企业和员工签订长期合同，在劳保等各个方面进行规范。

2. 劳动合同法的修改及其对劳动者的影响

2007 年劳动合同法修改在国内引发了很多的争议，并在实践上对劳动者的就业造成了很多的影响。争议主要体现在如下几个方面：第一，一些用工单位认为 2007 年的《劳动合同法》是对劳动者的过度保护。严格的立法提高了用工单位的劳动成本。中国企联（中国企业联合会 中国企业家协会）也提出了许多意见，要求保护企业方的利益，不赞成将保护劳动者权益确立为《劳动合同法》的基本原则，认为这是对市场经济中自由、公平原则的干预和破坏。第二，《劳动合同法》的覆盖范围太大，不仅仅包括各种经济类型企业，也包括各种事业型单位。个人承包经营违反本法规定而招用的劳动者，一旦受到损害，也能获得法律保护。由于中国个人承包经营性企业基本是中国的中小企业，这些企业的数量多，但是结构简单，采取法律要求强制覆盖之后，这些企业的抱怨增加。第三，固定期合同。国家的本意是为了避免企业只使用员工的黄金时期，加强对员工的保护，但是在实践上，企业评估要加大企业用工成本之后，各种解聘浪潮就出现了。第四，对试用期、试用工资、试用条件进行了严格限定。

中国2007年的《劳动合同法》实施之后，在实践上对企业的很多行为造成了重大影响。因为立法的本意是保护劳动者。这种倾斜之后的后果就是用工方开始减少对劳动的使用，他们的理由就是加大了企业的用工成本。这造成了2007年叠加次贷危机之后，中国在2008年出现了非常严重的失业下岗潮。在华外国商会如美国商会、欧盟商会以及20余家美资企业纷纷上书相关部门，以撤资要挟中国维持劳动力低水平保护。比如，为躲避与职工签订无固定期限劳动合同，不少用人单位将已工作多年的有固定期限的员工清退。泸州老窖股份有限公司采取了强迫员工辞职、突击裁员等举动；沃尔玛中国分公司大规模裁员，占到其全球裁员的50%；深圳华为公司要求7000名任职八年的员工“自动辞职”，重新签订劳动合同，以避免马上要签订的一批无固定期限劳动合同。①

在学术界，对《劳动合同法》的争议也是非常大。以张五常先生为代表学术界人士认为中国的《劳动合同法》是造成中国就业容量下降的主要原因，对劳动者的保护过度了，无固定期限劳动合同、经济补偿金等内容都不利于企业的灵活用工，并且从西方经济学的基本原理论证上述观点。

（二）本研究对劳动合同法修改的看法

对于中国《劳动合同法》实施过程中理论和实践的各种争议，本研究认为，需要秉持公正客观的立场来看待：

首先，需要明确经济增长的本质是什么。中国经济增长不是为了简单的数字的增长，经济增长的本质是确确实实改善人民的生活水平，为了整体中国人民都过上好日子。因此，在经济中，劳动力价格的低廉无法实现劳动者过上好日子的目标。要让劳动者过上好日子，就必须让劳动者能够在与资本的议价方面提高谈判力，但是在实践中，资本天生就是强势者，因此，对于劳动者而言，依靠法律手段提高劳动者的议价能力是一个不二的法门，只有在法律意义上实施对劳动者的保护，才可以平衡资本的强势角色。否则，简单看待公平原则，实际上就是不

① 吕楠．改革开放30年中国劳动合同制的演变．北京社会科学，2008（5）：10-17.

公平。站在这个立场上，对劳动者的适当保护是正确的。

其次，对于资本认为劳动力成本上升进而减少工作岗位从而降低劳动力容量的问题。本研究认为，这个是暂时的现象。中国经济体依然是世界上最大的发展经济体，经济增长的韧性和纵身是非常大的，有足够的潜力和容量来实现对劳动者就业的创造和供给。但是劳动合同法的实施，确实造成了短期内的一些失业，但是从长期来看，最终经济增长会提供足够的劳动岗位来满足失业人口的需求，也就是经济会最终达到就业的均衡状态。中国还是一个发展中国家，产业结构螺旋上升的余地还很大，由此造成的产业链会形成充足的就业岗位。因此对这个问题需要从长期的角度看待，而不能单纯看到短期的就业减少的问题。

最后，《劳动合同法》从 2007 年至今已经实践了多年，对其中与当前社会、经济、文化、科技不合理的部分，也可以进行一些调整。例如，《劳动合同法》中的解雇保护条款和劳动者辞职权条款都颇受争议，这些条款对解雇保护过于严格，而对劳动者的辞职权又过于宽松，不利于企业灵活用工和劳动者遵守合同的约定。按照世界各国通行做法，基于解雇保护的理念，有必要对用人单位的解雇权利进行一定限制。现行《劳动合同法》规定了相对比较严格的解雇保护，尤其当劳动合同自然终止的情况下，用人单位无任何过错也要给予劳动者合同终止的补偿金，这就加大了用人单位合同终止的责任，也限制了用人单位灵活用工。同时，给劳动者过于宽松的辞职权，导致劳动者解除合同过于随意，违背合同应该严守的基本原则。①

六、全球制造业分工体系的变化对劳动力转移的影响问题

（一）全球制造业格局的变化

1. 全球对于制造业的竞争开始加强

2008 年之后，由于美国的次债危机，世界各国开始深刻认识到制造业在国

① 曹艳春．劳动合同法修改应坚持六个原则．检察日报，2016-11-16.

民经济中的重要性问题。单纯的金融业产业的发展无法承担社会的就业问题，没有制造业的坚实基础，金融业的发展不可持续，制造业才是国家就业的坚实基础。全球都在开始对制造业在吸引就业重要性的重新认识，全球都在开始制造业的复兴运动。

为此，欧美的一些国家甚至采取逆全球化的措施，对其他国家实施关税壁垒从而保护本国产业，限制其他国家的产品进入本国。例如法国开始对 facebook 等公司征收数字产业税收的形势来保护本国的信息产业。特朗普对中国的半导体产业进行限购，从而打击中国的半导体产业的发展，并且对欧洲和加拿大的钢铁产业实施关税壁垒。实际上，自从 2008 年奥巴马上台之后，就提出了一系列对其他国家的反倾销措施，但是相关国家在 WTO 就相关反倾销案例进行仲裁后，WTO 都判定美国的反倾销政策是违背 WTO 的精神的。只是在奥巴马政府期间，基本只是采取反倾销的政策来保护本国产业，这些政策基本还是在全球化体系之下，遵循国际分工和资源禀赋的基础上来保护本国的产业。但是在特朗普政府之下，全部推翻了奥巴马政府期间的在 WTO 框架之下的本国制造业保护政策，采取了逆全球化的闭关自守的贸易保护主义政策措施，通过对其他国家征收税率较高的关税政策，从而把其他国家的产品挡在本国之外，从而来发展本国的产业。

世界各国的这种做法在 2018—2019 年开始愈演愈烈，并最终形成了美国和中国的贸易战，美国和欧洲的 301 贸易调查案，美国、加拿大和墨西哥重新谈判自贸区协议，以及日本和韩国半导体产业的相互黑名单等众多贸易保护主义案件。

各个国家之间的上述做法，使得过去全球的产业链开始受到了破坏。美国通过行政命令限制安卓向华为提供服务，以及高通等半导体公司向华为提供产品之后，本意是要打击华为的发展，通过切断向华为的技术供给的方式使得华为公司的发展无以为继。这种产业链上的中断确实使得华为的发展受到了一定的影响。华为的任正非先生在评估后认为这些措施可能会使得华为在 2019 年减少 200 亿美元的收入，但是，这种产业链的中断使得华为更加下定决心开始自己半导体和安卓生态的自我构建过程。华为通过在全球招收 6000 人的团队来弥补由于美国公司半导体限购造成的产品缺陷的弥补，并且在 2019 年 10 月开始生产不包含美国产品部件的产品，成功实现了硬件领域的去美国化过程。实际上，华为在2019年第二季度的发展数据来看，它的主要业务并没有受到产品断供的影响。而相反，美国高通公司等由于限供令的影响，本身的财务报告上出现了盈利大规模下滑的局面。在韩国，日本公司限制本国公司对韩国公司提供半导体制造过程中必需的氟化物之后，韩国公司也开始各种替代产品的开发工作，韩国三星在中国的公司通过努力公关，利用中国的原材料，也已经开发出了可以用于商业供给的半导体制造过程中所需要的替代氟化物产品。

全球产业链的破坏，造成各个国家之间都需要在本国范围内实现各种关键原材料的自我供给。本身这种行为造成了全球资源的浪费。这些做法也都是杀敌八百、自损一千的做法。但是不同国家之间，由于产业链的长短不一样，很多国家无法在本国之内形成完整的产业链，全球贸易保护主义的做法使得有些国家在全球产业链受到贸易保护主义破坏的背景之下，全部出现了断裂的状态，新的产业链的形成需要时间，各个国家为了争夺市场，使得各个国家之间产品的竞争状态超过了过往。当前的世界面临着全球化和贸易保护主义两种路线的斗争。欧美国家都已经开始强烈意识到制造业空心化，对自身在就业上的影响问题，欧美国家制造业空心化之后，金融业同样出现萎缩。各国对制造业的重新重视使得全球在制造业中的竞争趋于白热化。

2. 国内劳动者本身的状态也发生了变化

在全球制造业竞争开始加剧的背景之下，中国国内社会经济的发展劳动力转移的环境也开始出现了变化。这种变化主要体现在：

（1）国内的劳动力成本开始上升，过去劳动力价格低廉的状态成为了历史。伴随着中国经济的增长，中国国内工人的生活水平开始上升，工人的人均工资也在开始上升，工人的劳动力成本开始上升，劳动力成本的上升使得制造业产品的成本也在开始上升。此外，大量外资涌入中国造成中国人民币的升值，叠加劳动力成本上升的状态，中国产品的竞争力开始受到了削弱，有很多劳动密集型产业开始向东南亚转移，在越南，泰国等中国周边的东南亚国家开始大量承接中国劳动力成本上升的服装，鞋业等劳动密集型产业。劳动密集型产业向周边国家扩散减少了中国劳动密集型产业对劳动的吸纳能力。尽管这种状态在整个中国产业整体结构的产业供应链中并不占据主要地位，但是这种产业的转移对国内制造业的就业容量形成了实实在在的减少效应。

（2）国内劳动法的修改强调了对劳动的保护，劳动者的维权法律意识开始增强。在20世纪八九十年代，无数的劳动者从农村流入城市，只希望能够有一份工作，他们对工作条件和生活条件都很少去和资本方提出任何要求，资本方在节约成本的思想支配之下，也很少主动为劳动者提供一些与安全有关的工作条件，导致劳动者长期在高污染、高粉尘、缺乏防护的工作条件之下开展生产活动。这种生产环境对劳动者的健康造成了损害。随着中国劳动法在2008年的修改，以及各种职业病的案例展示，劳动者向资本方提出了生活条件和工作条件，劳动者的维权意识也开始增强了，导致劳资之间的矛盾和冲突时有出现。

（3）中国国内劳动者素质开始上升，造成低端产业出现过剩状态。随着中国普遍性九年制义务教育的实施，劳动者的文化程度从改革开放早期大部分只有小学文化程度的状态，开始转变为普遍性具有初中文化程度，并且高中和大学文化程度的劳动者开始上升的趋势。

3. 世界各国为了保护自己的制造业，开始采取关税等各种措施来限制其他国家的产品

尽管为了保护美国的制造业，美国在2019年开始对中国实施了大规模的关税措施，来限制中国产品进入美国本土，从而保护美国的制造业。但是更加普遍的贸易调查在美国关税壁垒之前，已经在世界各地开始大规模的出现。例如，2007年7月9日，美国商务部对原产于中国和阿联酋的进口钢钉启动反倾销立案调查，涉案产品海关编号为73170055、73170065和73170075。① 2010年1月15日，美国商务部发布公告，对中国的钢钉做出出口商复审初裁，裁定青岛众和机械制造有限公司的倾销幅度为38.13%。钢钉案件只是众多对中国产品限制的一个案例而已，不仅如此，美国还通过所谓国家安全为由限制中国华为公司在美国业务的发展。甚至不惜动用国家力量，在全世界范围内对华为的业务进行国际限制。

① 资料来源：www.cacs.mofcom.gov.cn/cacscms/article/ckys? articleld=39653&type=1.

（二）本研究的判断

尽管当前国际上存在全球化和逆全球化两种路线的激烈交锋，甚至一些西方国家采取逆全球化的一些做法，通过贸易脱钩、技术脱钩、政治脱钩的行为，大规模退出各种国际条约和国际组织来实现逆全球化的图谋。但是我们应该看到在第二次世界大战以来的国际全球化秩序的基础还是非常雄厚，更加上以中国为首的国家在坚持全球化的努力，任何国家关起门来实现国家经济的增长都不是太现实的问题。所有国家之间实现资源和人才的广泛交换，从而获得各自成本最小的发展路径才是当今世界发展的正途。在这个背景之下，尽管全球存在对中国制造的种种疑虑，但是我们依然认为中国的制造业在产业结构升级和调整的过程中，尽管会受到冲击，但是制造业无法彻底全部流转出中国，这就为中国的劳动力转移提供了空间。原因在于：

（1）其他国家没有完整的产业配套和供应链体系。苹果公司的乔布斯曾经回答奥巴马为什么不能够把苹果的生产线迁移回美国本土，乔布斯说，苹果公司可以在 1 个月之内，在中国寻找到所有的供应商，但是在美国，缺乏各种配套生产商。中国是世界上供应链最齐全的国家，所有的产品创新在中国可以迅速变成现实，在其他任何国家无法完成在短时间内实现从构想到大规模产业化产品的流程。

（2）其他国家无法基础设施不完善造成成本加大。在其他任何国家，都没有中国完整的高铁体系，中国的水、电、气、道路等基础设施成了产业迅猛发展的动力。其他国家基础设施的不完善制约了产业的发展进程。任何产业发展都必须在能源丰富、物流顺畅的状态之下进行。环顾当今的世界，只有中国可以做到早上货物发出，一般隔天就可以收到，其他国家的物流效率太低下。

正是上述原因，有些国家指望漠视全球资源的禀赋原理，忽视经济规律，而采取行政手段干预经济的图谋注定是要失败的。中国的制造业是全球产业供应链的重要构成部分，想脱钩基本是梦想。

第五章　解决中国劳动力转移问题的新思路

一、解决中国劳动力转移问题的总体框架

在前面章节中，本研究分析了中国劳动力转移面临的新环境、新情况和新问题，研究劳动力面临的新环境、新情况和新问题不是本研究的最终目的，对这些对象进行分析，只是提供了一个研究的路径，即从这种研究路径入手来了解中国劳动力转移可能的趋势。透过这种研究框架，从旧环境到新环境的变迁、从旧情况到新情况的转变、从旧问题到新问题的演变分析中，我们可以探讨出中国劳动力转移的趋势，并透过这种趋势，为最终找到解决中国农业剩余劳动力转移提供一个新的思路，这才是本研究的最终落脚点。

谈到解决劳动力转移的新思路，那必定是一个全然不同于过去的、旧的思路吗？确实如此。中国当前劳动力转移的环境，情况和问题相对于过去都不同了，中国劳动力转移已经走上了新的路径上了，那么解决中国劳动力转移的思路也必须与时俱进，并且在特征上与旧的解决模式上有重要的差别，否则，不称为“新”。

尽管我们认为在解决中国劳动力转移的思路上，新旧两种模式有着显著的区别，但是不能否认的是，在形式上，这两种解决问题的模式存在着千丝万缕的联系，造成这种联系的原因，有依赖于制度路径依赖性的问题，也有扎根于中国历史、文化和社会心理背景的因素。例如，在旧的劳动力转移的解决模式中，一般的思路就是：第一，扩大劳动力转移的出路，这个是通过工业化来完成的，其目的是形成对农业剩余人口的需求。第二，减少农业人口的规模，这个是通过城镇化来完成的，其目的是减少农业剩余人口的供给。第三，相关社会服务措施的配

套，这个是在供需之间构建桥梁，促进供需之间按照市场化“无形之手”和政府的“有形之手”两者合作和协调，减少供需之间的信息不对称的外部性问题，促进两者达到供需之间的均衡。新的解决问题的思路依然脱离不了劳动力供给因素、需求因素以及中介条件的分析。但是新的解决劳动力转移的模式在供给因素的分析和需求因素的分析上，已经注入了新的内容，显然不同于旧有的模式。

所以，从表面上看起来，解决中国劳动力转移的思路还是在供给和需求上寻找出路，但是这种出路的内容和过去已经不同了。本书对于农业剩余转移劳动力问题的解决新模式就是借助于供给-需求模型来实现的。

依据供给-需求分析，通过对劳动力转移目标以及解决问题的新旧方案的对比分析，可以显著看出解决中国劳动力转移问题的方案的显著不同，这种区别就是中国劳动力转移新思路的含义。

以2008年为分割点，中国新旧两种解决解决劳动力转移问题的模式的特征是什么？而新的解决中国劳动力转移的方式与旧的解决劳动力转移的方法上的显著区别在哪里呢？作为一个整体的分析框架，我们提出了一个概念分析图（见图5-1）。

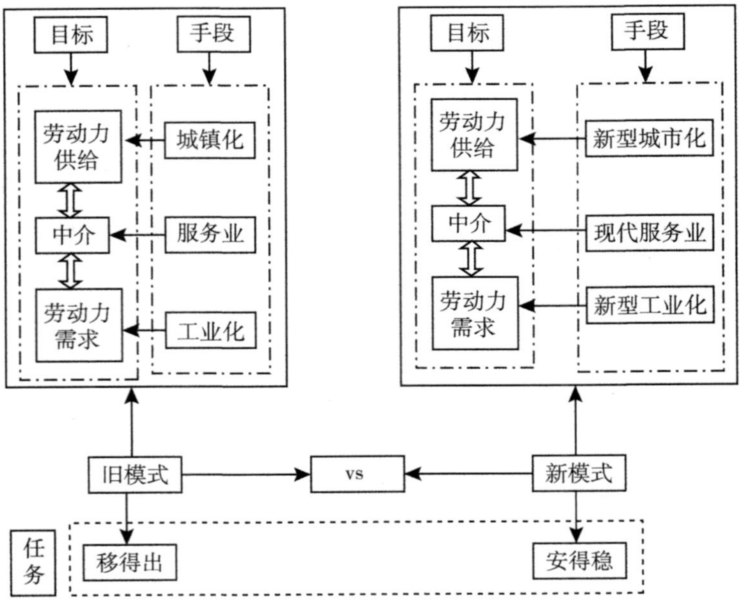

图5-1 新旧解决劳动力转移问题框架图

图 5-1 是本章节进行分析基础。为了能够更加清晰地对图 5-1 进行说明，本研究对相关概念用表 5-1 进行一些简单说明。对于其详细的具体含义，本研究将在余下部分进行展开。

表 5-1　　　　新旧劳动力转移方案特征的比较表

目标	手段	旧模式特征	新模式特征
劳动力的需求创造	工业化	工业化： 1. 传统制造加工业领域； 2. 制造业外包性质； 3. 劳动密集型产业	新型工业化： 1. 中国简单加工业制造到以技术含量高的高技术产业的发展，例如，中国高铁、中国大飞机等创造； 2. 由劳动密集型到知识和技术密集型； 3. 信息化下的工业化
劳动力供给管理	城镇化	城镇化： 1. 离土不离乡； 2. 离土又离乡	新型城镇化： 1. 人的市民化； 2. 土地的流转创新
供给需求媒介	服务化	传统服务业： 1. 依托熟人来寻找就业机会； 2. 个体抵抗各种风险能力差； 3. 信息之间不流通	现代服务业： 1. 培育新的市场中间主体，改善供给，需求之间信息不畅通的居民； 2. 建立全覆盖的社会保障制度； 3. 利用信息化手段构建全国性的就业信息平台

还有一个重要问题需要指出的是，中国劳动力转移之所以存在新旧模式的解决思路问题，核心还在于劳动力转移的目标任务已经发生了根本性改变。经过自 1978 年以来的农业剩余劳动力的转移以来，中国的劳动力转移从农业向城镇的转移的主要和核心任务已经完成，尽管随着农业劳动生产效率的提升还会有农业剩余劳动力的形成。但是这些劳动力的数量已经不构成劳动力转移的主要环节，中国农业剩余劳动力转移的主要问题是让转移出去的人能够真正地融入城市，安家落户、安居乐业，也就是实现人的城镇化过程，而解决问题的方案无不是围绕此目标在进行的。传统农业剩余劳动力要转移的主要目标是移得出，现在要解决

的主要任务是安得稳，并且能够致富。

正是因为中国劳动力转移的核心目标都发生了改变，才造成了最终剩余劳动力解决问题的方案上的差异。

二、中国劳动力转移需求创造思路的转变

毫无疑问，要实现中国劳动力的转移需要创造就业岗位。但是在当前全球制造业保护主义盛行的当下，叠加中国劳动力成本开始上升，对中国剩余劳动力就业岗位的创造上需要找新的出路，依托传统制造业的发展已经是行不通的旧思维了，事实上，有些劳动密集型的工厂现在都在大规模向东南亚劳动力成本更低的地方进行转移。中国剩余劳动力就业岗位的创造只能在产业结构的转型和升级中寻找出路。通过产业结构的转型和升级，为转移劳动力寻求到更多的就业岗位。

中国的工业化过程在20世纪80年代以来的中国农业剩余劳动力转移过程中功不可没。当时，在国家比较贫穷，缺少资源和手段的状态之下，中国通过大规模的工业化，制造业为中国的农业剩余人口提供了就业的出路，解决了当时中国面临的看似无解剩余劳动力的最终出路问题，实现了农业剩余劳动力移得出的问题。然而在当前的农业剩余劳动力的新的任务面前，要实现转移出来的劳动力能够在流入地安得稳，并致富的目标，依然只能在工业化的过程中寻找到机会。但是这种工业化和传统的工业化有着本质的不同，属于新型工业化。从表面上看，都是工业化的过程，但是在内在上，传统工业化和新型工业化已经存在本质上的不同了。这个属于劳动力转移需求创造思路的转变过程，是劳动力转移思维格局的提升。

为什么传统工业化无法适应新时代劳动力转移的要求？传统工业化的优势是如何在时间的长河中最终成为新形势下劳动力转移的瓶颈的呢？这个需要从传统工业化的弊端和新型工业化的优点来谈起。

（一）传统工业化的弊端

传统工业化的主要特征劳动密集型制造加工业的发展。这种工业化过程基本属于外延式发展经济的模式。表现在：

（1）起点低。传统工业化对劳动力资源的素质要求比较低。传统工业化是一种外延式发展的过程，技术含量相对较低，主要依赖于对劳动力资源的不断投入。在一个国家经济起飞阶段，农业剩余劳动力数量庞大，可以对经济系统不断投入劳动力的状态之下，这种工业化是可行的。因为剩余劳动力数量众多，可以支撑不断和连续地往经济系统投入劳动力资源。中国改革开放 40 年内的工业化基本是这种劳动力资源不断投入而引发的工业化进程。它与中国在改革开放初期劳动力受教育程度较低的状态也是相适应的。但是，当经济系统发展到一定阶段，劳动力投入边际效应递减规律的约束，经济系统在经历了资源约束的饱和和拐点之后，继续往经济系统投入劳动力，则劳动力的边际创造价值开始下降。继续投入劳动力进入经济系统，就是一种资源的浪费。所以，在当前状态之下，依赖于劳动力的投入而实现经济增长，显而易见不再是一条出路。

（2）无法拓展产业的广度和深度。在传统工业化状态之下，工业生产都是一些简单的劳动密集型产业，这些产业的技术含量低，附加价值少，属于脏重费力的简单加工业。由于技术含量少，因此没有办法实现在技术依赖路径上的技术升级。技术没法升级，则产业的广度和深度以及新的产业链的培育和成长都无从进行。它甚至在某些方面限制了产业升级的需求，因为有足够的人力来完成，对技术升级的迫切性都不是主要矛盾。在产业发展的历史上，都是有技术突破和需求之后才产生产业本身的产业链的延伸，现在以来简单的人海战术可以实现生产的话，对技术的需求就可有可无并且是排斥性的。因此，传统的工业化对新的产业链的形成和培育都是极端不利的。

（3）对环境和资源的损耗很大，破坏大。传统工业化是一种外延式的工业化，依赖于对资源的投入，由此造成对环境的破坏也非常大。在能耗方面，据有关专家研究，① 我国每创造 1 美元产值所消耗的能源是西方工业七国平均数的 5.9 倍，是美国的 4.3 倍，德国和法国的 7.7 倍，日本的 11.5 倍。由于把经济增长作为主要目标，对环境的外部性是有所忽视的，中国的土壤污染，水污染，大气污染的状态特别严重。尽管国家制定了一些环境的政策法规，但是在利益驱使之下，甚至有些地方政府也参与其中的状态之下，有令不依、有法不行的状态非

① 李传忠．从工业化模式比较看传统工业化的弊端．韶关学院学报（社会科学版），2007（5）：54-58.

常普遍。过分重视经济利益，不重视三废的无害化处理，工业对环境的破坏日趋严重。

(4) 传统工业化基本是简单的加工工业化，在整个产业供应链的低端。中国自改革开放以来的工业化过程，依赖于国外产业转移形成了完整的简单加工工业。依赖于这些加工工业，成为了整个国际产业工业供应链体系的一员。它的好处就是可以实现就业，解决农业剩余劳动力的转移问题，它的缺陷也蕴含在这个过程之中，就是简单的加工工业的工业增加值附加价值低。IHS① 曾对 2017 年全球苹果手机成本构成及产业链分析，测算的结果是，如果不考虑软件、营销、研发支出的话，iPhone732GB 的成本（直接材料+制造费用）约为 224. 80 美元，其中材料成本为 219. 8 美元，组装、测试等费用为 5 美元。组装测试费主要就是中国的加工业的费用，而其他 219. 8 美元的利润都被产业链的其他国家所攫取了（主要是被苹果母公司获取了）。低廉的加工费让中国的加工生产厂家没有能力进行技术的升级改造和产业链层级的提升，无法承担产业结构升级过程的研发成本，最终把自己钉死在了简单加工产业供应链体系的低端位置上了。

（二）新型工业化的优点

新型工业化②是实现经济系统、社会系统与资源生态系统协调发展；与信息化深度融合、互相推动；以自主创新为引擎、内需与外需协调而以内需作为主要动力；高水平的现代产业体系作为基本支撑；与城镇化、农业现代化紧密结合的工业化。它具有如下特点：

(1) 新型工业化是与中国当前改变的环境状态相适应的工业化。当前中国环境改变的主要特征在于：①中国人口红利开始减少。从 2015 年以来，中国的劳动力人口数量就开始呈现下降的趋势。在这种状态之下，希望继续通过劳动力投入来促进经济增长的思考必须要加以改变，而新型工业化就是思路变化的出路，新型工业化依托科技进步，资源的合理利用和开发，以信息化，城镇化，农业现代化为主要依托，从而促使经济上一个新的台阶。②资源环境约束开始增强。中

① 2017 年全球苹果手机成本构成及产业链分析，http：//www. chyxx. com/industry/201801/605721. html.

② 杜传忠．转型、升级与创新——中国特色新型工业化的系统性研究．人民出版社，2013：104-108.

国在经历了改革开放长达 40 年的经济增长之后，中国的资源瓶颈越来越突出，在经济规模增大之后，经济系统需要投入的资源也更多，这个时候，只能依托对资源的集约和高效利用才可以实现经济的增长，而新型工业化本身就是依托科技进步来实现的。它是解决资源约束环境之下的经济增长的解决问题的办法。③西方国家开始重新工业化，甚至有些国家现在希望与中国进行产业链的脱钩。中国的经济发展问题从来是以中国本国的发展为主要力量来实现的。但是在过去中国加入 WTO 之后，西方国家一直认为中国在此过程中搭了便车，因此一直希望和中国进行产业链的脱钩，这更加需要中国立足于中国国内的经济增长，建立自己的科技和工业体系，促进中国经济的增长。④传统工业化本身的缺陷，需要中国工业化进行相应的变革。传统工业化的主要弊端就是附加价值不高。因此新型工业化将依靠科技含量，改变传统工业化的弊端，实现高附加值价值生产，促进经济高质量增长。

（2）新型工业化立足于科技进步，其成果将为全社会受益，并且对其他各个行业的进步产生强大的推动作用，促进全社会要素生产率的提高。在中国经济增长中，中国的城镇化被认为是中国经济增长的决定性力量。诺贝尔经济学奖得主、美国著名经济学家斯蒂格利茨认为，21 世纪影响人类发展和改变世界面貌的有两件事：一是美国高科技产业的发展；二是中国的城市化进程。但是中国过去的城镇化是一个外延式城镇化，是依靠城市规模的扩张来实现的。在新的环境变革时期，新型工业化的科技成果必将对城市化生活的各种业态造成影响，例如现代工业化和互联网的接合，让各种个性化生产成为可能，过去流水线式的批量生产让位于个性化生产，让城市居民的个性化需求得到满足。各种 3D 体验式产品也可以创造出来，满足城市居民对于新鲜，新奇生活方式的需求。这些科技产品的大规模采用，将彻底颠覆过去的人类生活方式，虚拟现实、人工智能、智能识别、自动驾驶等各种产品的广泛采用，将彻底改变城市化生活的内涵，让人的生活出现便捷化、舒适化、个性化，现代化的特点。

（3）新型工业化符合产业升级的方向，是新一轮产业革命的摇篮。人类历史上经历了三次产业革命，最近一次是工业革命。机械化工业生产方式的形成极大地提高了人类社会的生产力，也为人类社会认识自然和改造自然提供了工具和武器。尽管工业革命至今只经历了 300 年的时间，在人类 5000 年历史的长河中所占的时间很短而微不足道，但是它创造的产出远远超越了过去人类社会存在的产出总和。从传统的工业转入到新型工业，它是技术的创新和突破，其主要特点是信息化改造工业的生产流程，自动化、智能化、柔性化使5G、3D打印、人工智能、自动驾驶、基因技术、人造小太阳，远程控制等技术从概念开始走向实用与成熟，未来的世界已经开始从传统的人的互联开始走向物的互联、万物互联。这是一种新的生活方式和生产方式。新型工业化以现代科技进步为契机，紧紧把握时代的潮流，各种技术的集成和综合，必将是新的产业革命的前导，有益于在中国实现产业革命的引领功能。

（三）从传统工业化向新型工业化转变的对策和措施

（1）从思想和认知上认识到中国从传统工业化走向新型工业化的重要性和必要性，成为一种社会意识。中国过去的传统工业化给中国提供了一个相当好的工业基础。2018年，① 我们国家的制造业增加值占全世界的份额达到了28%以上，成为驱动全球工业增长的重要引擎。在世界500多种主要工业产品当中，有220多种工业产品中国的产量居全球第一。目前，我国拥有41个工业大类、207个工业中类、666个工业小类，形成了独立完整的现代工业体系，是全世界唯一拥有联合国产业分类当中全部工业门类的国家。中国用了几十年的时间走完了发达国家几百年所走过的工业化历程。企业作为创新的主体，成为促进我国持续快速发展的根本动力和源泉。但是过去的这些成就并不是就是中国工业化的归宿，依靠信息化、城镇化、服务业现代化对中国的传统工业进行改造，科技创新、产业升级、占领产业供应链的制高点，这些才是中国工业化的最终目标。而依托科技创新，提高工业产业链中的技术含量、工业附加价值，这些才是新型工业化的核心内涵。因此，在全社会必须梳理起中国走新型工业化道路的必要性和认知，让全社会各行各业都自发开始为中国新型工业化的发展开始献计献策，并形成自觉的行为，走群众道路，是中国新型工业化得意实现的必要群众基础和保障。

（2）进一步推动城镇化，为中国新型工业化提供内部需求。截至2019年，中国的城镇化率突破60%，户籍城镇化率44.38%，但是与欧美发达国家近80%

① 央广网．经过70年发展 我国成为全世界唯一拥有联合国产业分类中所列全部工业门类的国家，https：//baijiahao. baidu. com/s？ id=1645248981251350427&wfr=spider&for=pc.

的平均水平相比，差距还是非常大。这个也是中国城镇化还可以进一步发展的动力。城镇化可以加速新型工业化进程。城镇化所带来的集聚效应有利于产生经济发展的规模效益，引发产业分工和创新，从而内生性地激起新的产业发展和就业前景。同时，城镇化的推进对城镇的各类建筑和基础设施建设具有巨大的需求，从而带动城市建设所需的相关产业发展。城镇人口的增加，财富的积累能够进一步地刺激消费需求，培育新的消费方式，并形成国内内需的增加，从而为产业发展提供强大的支撑。城镇化的另外一个好处是改变对外界需求的影响。毋庸置疑，中国过去的经济增长过程中，得益于全球化的进程的发展。但是随着欧美经济从2008年之后，全球经济的发展进入了滞涨的状态，发达国家的经济增长势头都开始出现减缓的趋势，这对中国的工业品出口形成了重大挑战，中国过去经济增长中的重要构成部分，外贸部分现在已经出现了很多的困难。依托中国国内的城镇化，激活中国国内的市场，可以化解当前中国经济增长中，外贸需求困难的局面，它可以为中国进一步的新型工业化提供源源不断的动力。

（3）重视知识产权的保护，建立严格的知识产权保护制度。新型工业化是一个建立在科技基础上的工业化。5G技术、人工智能技术、数字制造技术、大数据技术、3D打印技术、自动驾驶技术等技术都是各个公司花了大量的人力、物力研发出来的，投入大、研发周期长。这些技术需要在国家法律体系之下严格保护。为此，首先要肯定各个公司对这些现代科技的创造力，维护它们的利益。国家在执法层面上，对于各个工业化知识产权产品需要严格保护和执法，对于各种专利侵权行为，要进行严格甄别，对于不法分子，必须依法处置。企业需要加大R&D的投入力度，要优化投入结构，提高R&D投入产出效率。政府需要完善创新激励政策，营造鼓励企业加大研发投入的制度环境。完善科技金融体制，加强科技金融合作，引导支持相关创新要素向企业集聚，促进科技经济的更有效结合，并引导民间资本参与到技术创新活动中，政府和企业相互合作，促进中国的知识产权体系的建立和维护。其次，国家对于知识产权制度本身要与当前的社会经济环境相适应，研究和制定出与时俱进的适应时代需求和技术的制度，加强宣传和教育，营造出全社会不用剽窃产品，不用盗版产品的社会氛围，设立知识产权保护中心，鼓励各个中小企业积极参与技术创新。最后，中国政府需要积极参与世界各种标准的制定环节中来，通过国际标准的制定来维护中国国内企业的利益。让他们无法通过技术优势对中国限制中国国内企业的发展。

(4) 加快人才队伍的培养。新型工业化体系的建立和培育的过程，表面上是技术和资金的积累过程，实际上是人才的培育和发展过程。中国这些年能够迅速实现工业化，除了国家实行改革开放的政策、吸引外部资金、吸收国外先进技术的因素，人才群体的形成是一个重要的因素。新型工业化更加需要跨专业、跨领域的人才，需要既懂经营也懂技术的复合型人才群体大规模形成。因此，各级企业和政府机构必须注重人才的培养环节，把培养优秀的人才放在首要位置，在生活上关心人才的成长，在事业上鼓励人才的创新性活动，在资源上对人才的积极和能动性进行积累，从各个环节上为人才的发展和才能的展示创造条件。在层次上，既要关注突出人才的作用，也要重视一般人才的功能。形成一个结构合理、梯队分明的人才结构团队，能够充分贡献自己的学识和智慧，服务于新型工业化过程。

三、中国劳动力转移的供给侧创新

1. 传统城镇化的弊端

传统城镇化是指中国改革开放以来，中国以经济发展速度为目标，以地方政府推动为主导，围绕工业化，通过大量资本和资源投入，使得城市土地规模大规模扩张的过程。这种城镇化主要由地方政府主导，市场化的作用和功能不足，是一种外延式的城镇化过程。尽管在短时期之内实现了城镇规模的扩大，但是缺陷也是显而易见的，包括：

(1) 城镇的中各种关系失调。传统城镇化短期内实现了城镇规模的扩张和外延式发展，但是在城镇内部，原有城区和新兴城区之间，在产业结构、生产要素、城市功能、城市空间布局等各个环节之间存在严重的失衡局面。新兴城区尽管在建筑物的外形上都特别的现代化，但是新兴城区的功能上各种基础设施是极端不完备的，导致新兴城区变成了资本的集聚，而人还是在老城区中进行生活，各种交通，小孩入学，购物等各种不便利，很多的新兴城区都成了空城。在产业结构上，各种产业还是在原有老城区进行布局，新兴城区中鲜有产业作为补充。

各种就业还是在老城区进行，新兴城区没有足够的就业容量，而对人口的吸纳功能并不是非常强烈。

（2）城镇规模的简单外延扩大引发对生态环境的消耗增大。中国是一个土地资源非常短缺的国家。一直面临着工业化和城镇化对土地的需求和中国土地资源短缺的矛盾。城镇规模的大规模扩大，必然引发对于土地的大规模征用。2011年中国提出18亿亩耕地红线（当时的耕地面积为18.26亿亩），但是到了2018年6月25日，中国自然资源部对永久基本农田进行了全面划定并实行特殊保护，并划定15.50亿亩永久基本农田。而这个数字与前些年的18亿亩相比，足足少了2.5亿亩①。这种对于资源的不断攫取过程，引发了生态环境的不断脆弱。引发了很多城市内涝的加剧。在中国南方一些城市，每年雨季到来的时候，都出现了所谓“城市看海”的局面，就是各个城市街区或者街道泡在水里面的局面。在另一个方面，城镇规模的扩大，大量人口涌入城市，使得城市交通开始扩张，城市车辆开始增加，汽车的尾气对环境的污染增大。

（3）城市病开始爆发。中国快速城市化的过程，引发了整个城市面貌的焕然一新。但是这种快速增长过程也引发了人对于城市生活的适应性问题。城市的日新月异进程远远大于人们对于城市扩张的适应性问题。各种城市病开始爆发。这个不仅仅体现在交通的拥挤上，各种污染的增加上，还体现在人对于环境适应的情绪上。传统的小区域生活范围不断解体，原有的生产、生活联系因为城镇规模的扩张而开始变得松散，熟人社会开始变成了陌生人的社会，各种人的联系开始减少，引发了社会资本的减少，很多人都出现了情绪低落的状态，这不利于人的积极正能量生活的要求。但是客观世界已经发生了变化，人的情绪无法适应现代社会快速变动的格局，引发了很多的心理疾病。

（4）传统城镇化引发了许多的社会问题。中国的传统城镇化过程中，由于要实现简单城镇规模的扩大，需要对原有的房屋和土地进行征用。在很多时候，都采取了没有照顾当事人利益的野蛮拆迁行为。这些行为严重影响了当事人的权益，出现了很多当事人采取激烈方式来进行抗争的案例。这些事件的性质和后果严重地影响了当事人的生产和生活。再加之当时在法律等层面上，属于一个空白的区域，造成受影响人的利益无法得到保障，这就导致受影响人陷入贫困

① 资料来源：www.sohu.com/a/253267288_159202.

的境地。

2. 新型城镇化的优点

新型城镇化是在传统城镇化的基础上，强调了坚持了以人为本的城镇化。它要求在城镇化过程中强调城镇体系之间的规划布局和协调发展，实现城镇化过程中产业和就业相互促进，人在城镇化生活中的全部协调和进步，提升生活的品质。新型城镇化具有如下优点：

（1）新型城镇化是一种新的经济增长方式。促进经济增长的方式有两种，一种是依靠资源的不断投入来实现，这种经济增长方式受制于资源边际效率递减规律和资源稀缺性的约束，是不可以持续的。另一种方式是通过系统内部要素生产效率的提高来实现。这种经济增长方式是一种可以持续的经济增长方式。新型城镇化过程就是城市内部要素的不断优化的过程，它努力实现城镇内部各种生产要素的均衡分布，在城镇功能上的优化，它是一个就业平台，将农村的剩余劳动力转移出来，让他们成为城市居民，从而提升农民人均资源的占有量，并推动农村产业结构的调整和升级，实现农业生产的集约化经营过程，提高农业生产的劳动生产率，进而提高农民的收入水平。在城镇内部，通过对于城市内部功能分区的优化设计和营运，减轻了城镇内部生活的成本，节约了要素资源，实现了城镇内部资源的有效利用，提高了城镇内部的要素生产效率。这些都实实在在地推动了经济的增长过程。

（2）新型城镇化有利于区域的协调发展。新型城镇化不仅仅体现在单一城镇内部功能和要素的协调发展，它还指区域之间的城镇体系之间的功能布局和要素的协调发展。区域的协调发展问题关键是看这个地区的公共基础设施、公共服务发展水平之间的关系是否协调。这个区域不仅是指我们传统上说的东、中、西部，也包括一个城市内、城市与城市之间的不同区域。相对而言，中小城市中由于产业发展配套短缺，造成很多人不愿意在中小城市生活。但是中小城市也有很多的优势，例如竞争压力小，生活成本低。如果单纯从一个城市的角度来看这个问题，中小城市基本没有什么出路，但是从区域的角度来看，通过城市之间轨道交通的发展，使得城市之间成为城市群落，小城市的人口通过各种轨道交通连接起来，在大城市工作，在小城市生活，立即就把各种生产要素盘活了。产业结构的调整和区域的协调发展问题由此解决。事实上，现今中国很多的城市都在大力发展和周边城市之间的轨道交通建设，这是一个实现区域协调发展非常有创意的思路。对于减少大城市病，实现资源要素在空间地域的合理分布是非常有益的。

（3）新型城市化是一种生活方式的变革。生活方式是人在一定的物质经济基础上的消费活动、交往活动、闲暇活动等的总和。中国的城镇化进程让成千上万的农业剩余人口转移到了城镇生活。他们的生活方式和农村的生活方式之间已经存在着迥然的区别了。在农村，交通闭塞，经济落后，但是城镇化的生活中各种信息随时可以获得，工作方式和生活方式都不同于以往的生活。随着国家在户籍制度、医疗制度、养老保障制度受益面不断扩大，转移到城镇的农业剩余人口开始实行居民化管理制度。他们也将享受到和城镇居民一样的住房制度、户籍制度、医疗制度、养老保险制度、教育制度，他们也能够获得普遍的居民待遇的资源。在新的生活方式的潜移默化影响之下，必将迎来新的城市文明生活方式的诞生。相对于过往的生活方式，新的生活方式是对传统生活方式的彻底变革。城市管理部门也必须在管理手段、公共基础设施和公共服务水平的各个层次上进行创新，服务于城市居民的需求。

3. 从传统城镇化向新型城镇化转变的对策和措施

（1）进行制度创新，促进人的城镇化。所谓人的城镇化，就是劳动力流转进入城镇之后，能够在城镇中享受到和城镇居民无差异的国民待遇。制度创新的作用在于促进新新型城镇化发展提高交易效率，降低交易成本。随着时代的发展和经济进程的不同阶段，中国原有的户籍制度、土地制度、社会保障制度等都无法适应当前社会经济和城镇化发展的要求了，中国必须进行制度创新来提高诚征交易的效率，降低城镇化的交易成本，从而提高城镇内部要素的生产效率。这就要求中国必须在制度层面上消除对人身自由的所有障碍和束缚。对于住房制度、教育制度、社会保障制度等各个层面上不符合当前实际情况、限制人的自由流动和束缚的规定进行清理，激活和动员潜在资源，实现城镇化资源的科学合理优化配置，提高效率，加快推进城镇化的进程。

（2）加快城镇基础设施建设，实现以人为本的理念。要实现以人为本的理念，就必须在城市基础设施建设，城市功能规划等各个方面进行建设，让人民能够在城市中很快乐地生活，享受到城市生活的舒适化和便捷化。城市基础设施建设的好处有两个：一是通过城市基础设施的建设，带动就业，解决迁移进入城市生活的农业转移人口的生计问题。二是通过基础设施功能的完善，更加方便在城市生活的居民。基础设施的建设不仅仅涉及城镇本身的基础设施的建设，还涉及城镇与农村的公路的链接问题，强化城镇和乡村之间的公路建设，形成城市、乡村之间科学合理的道路网络。城镇基础设施的建设还必须按照城乡统筹的要求，在乡镇配套建设有学校、医院、商场、农贸市场、文化娱乐场所等设施。

（3）要大力发展各类产业，形成城市发展的基本依托。区域经济学认为城镇存在的主要目的就是实现各种资源的集聚，能够节约各种交易成本。把各种要素能够紧密撮合在一起的主要工具就是产业。没有产业，城镇就是一个空城，无法留住人，资源要素集聚的目的也实现不了。因此，各级政府机构按照资源要素禀赋的原理，利用本地区的优势资源来吸引相对应的产业在本地生根，在本地区开展各项合法经营活动，从而带动城市经济的发展，解决当地人的就业依附问题。一个地区的工业化水平低，缺乏大企业在本地生产经营，这个地方的发展往往就存在许多的问题。当前中国各地都在进行产业结构的调整和升级，东部沿海地区的一些产业正在向内地进行转移，各个地方政府都必须研究本地的资源优势，有选择地让这些沿海地区转移出来的产业在本地生根发芽，形成适合本地经济特点的新的经济增长点。通过经济的发展进一步带来本地城镇化的优化。

（4）新型城镇化需要保护生态环境。中国的城市化已经从外延式城镇化走向了内涵式城镇化过程，城镇的发展不仅不能突破生态的底线，对生态环境进行破坏，相反还必须注重城镇发展中的智能化、低碳化、绿色化，走绿色低碳城镇化发展的道路。新型城镇化要把生态环境放在首位，对国际上发达国家城市化的经验进行研究，吸收它们实践中的优点，规避其缺点，还必须对国内的各种好的做法进行总结，解决资源稀缺，环境脆弱和城镇发展之间的矛盾，在把环境作为主要约束，并尊重环境的全体之下，对资源合理科学运用，让城市的发展充分考虑环境的容量，促进环境优化的前提之下的城市发展，让金山银山让位于绿水青山，形成人人保护环境、爱护环境的社会氛围，守住生态的底线。

四、中国劳动力转移的中介创新

1. 传统服务业的弊端

传统服务业主要是指商业、修理、理发、餐饮和其他能增进和改善人体体能的服务，指为人们日常生活提供各种服务的行业，大多历史悠久，如饮食业、旅店业、商业等，是与人们生活相关的消费型行业。传统服务业在工业化前期在社会经济的发展过程中扮演了重要角色。工业化前期的主要生产活动，主要依赖于人的体能活动，而传统服务业是对人的体能的改善和抚慰，可以让人能够进一步投入工作，与此同时，传统服务业还有一个重要的功能就是拉动就业，很多在第一产业和第二产业中无法找到就业的人，可以在第三产业中实现自己的就业。但是随着时代的发展，当工业化已经进入到中后期之后，工业化的技术含量逐渐提升，传统的服务业开始让渡于现代服务业了，造成传统服务业在 GDP 中的比重出现了下降。引发传统服务业在现代经济体系中边缘化的原因是由其弊端决定的，这些弊端包括：

（1）传统服务业无法适应现在的人的需求状态。传统服务业主要是对人的体能的修复功能。但是在现代社会，技术和智力的含量越来越多，产业结构类型从劳动密集型产业转入了资本和技术密集型产业，产业结构的变化使得传统的体力劳动的成分下降，而知识和智力的成分在生产中的作用开始凸显出来。人对服务需求主要体现在对智能上的修复和抚慰了。尽管体能上的修复功能不可以缺失，但是这种需求的状态下降了，智能上的修复成了需求的主要方面，而传统服务业无法实现这种功能。

（2）传统服务业中的有些业态无法适应时代的发展，已经逐步凋零。例如作为中间商的商业，在传统服务业中占据了主要构成部分，但是随着互联网的普及，人的需求的个性化日益彰显，商品买卖的信息不断充分的状态之下，所有的商业交易都逐步从线下转到线上，造成了以店铺为主体的商业活动都难以为继，很多的传统商业品牌都在大规模关闭其线下的门店。

（3）传统服务业的技术含量相对较低，其服务的对象覆盖面和种类相对有限。传统服务业中技术含量低的特点造成传统服务业的服务效率比较低。消费者很多情况下处于被动，因为细心精明的商人总是能够提前一步打好算盘抓住市场，而正因为如此，他们大可以忽略“服务”带来的社会附加价值。在很多时候，服务过程依赖于人的亲力亲为，是一种面对面的服务，如果本人不到场，业务就无法发生。这样服务过程中，就有很多基于交通、通信等的费用发生，成本高，效率差。

2. 现代服务业的优点

现代服务业是指金融、保险、旅游、信息和其他能增进和改善人体智能的服务行业。现代服务业最早在 1997 年 9 月党的十五大报告中提出，2012 年 2 月 22 日，国家科技部发布的第 70 号文件，现代服务业是指以现代科学技术特别是信息网络技术为主要支撑，建立在新的商业模式、服务方式和管理方法基础上的服务产业。它有别于商贸、住宿、餐饮、仓储、交通运输等传统服务业，以金融保险业、现代物流、信息传输和计算机软件业、租赁和商务服务业、科研技术服务和地质勘查业、文化体育和娱乐业、通信、资产评估、法律、会计、质量认证等知识密集型中介服务业、房地产业及居民社区服务业等为代表。现代服务业的优点在于：

（1）现代服务业依托现代技术的状态之下，很多业务都可以通过网上来完成，降低了交易成本，提高了交易效率。现代服务业中的信息化技术含量非常高，金融、娱乐、消费、学习等都可以通过网络来进行，克服了传统服务业中必须进行面对面交易的弊端，节约了时间、费用，提高了交易效率。随着现代网络技术的普及，越来越多的业务都转移到网络上进行了。这种信息化让消费者在不出家门的状态之下，解决了一切自己切身需求的内容。对于劳动力转移来说，寻求工作机会也可以做到足不出户，就实现了从信息获取到视频面试等一系列在传统工作寻找过程中无法完成的事情。

（2）现代服务业高度专业化和细分化，造成就业的容量也相对大。现代的消费者和传统的消费者不同，消费者不是等服务而是在主动选择服务，这就造成了现代服务业的高度专业化和细分化。对服务企业而言，企业的从业人员必须有服务素质、业务素质和一定的层次来和客户进行交流和沟通，否则，企业的生存和发展都会出现问题。正是现代服务业的高度专业化和细分化，使得整个产业的上游和下游产业链都相对出现了延伸，可以吸引更多的就业在现代服务业上。事实上现代服务业已经成了就业的主要渠道和方向。

3. 从传统服务业向现代服务业转变的对策和措施

从传统服务业向现代服务业转变的关键在于对传统服务业进行信息化改造。传统服务业中的很多缺陷都可以通过信息化改造得以规避，传统服务业中的很多交易都是通过线下实时完成的。但是实际上，在对传统服务业进行信息化改造之后，很多业务放在线上，则交易可以更加方便和快捷地完成。推动传统服务业向现代服务业转变的关键在信息化改造，应加快中国信息化进程的推进工作，为劳动力的转移提供充足的决策信息，克服劳动者和劳动信息之间的信息不对称的问题。

信息化不是一个虚的概念，而是实实在在地影响着人的生活方式和思考方式。中国的信息化进程在过去 10 年间尽管面临着诸多的挑战的情况下，依然取得了许多的成绩。信息化作为一个进程，是没有终点的。随着新的技术创新，信息化会出现新的特征和形式。对于中国当前信息化的特点和挑战，基于目标-满足的模式，本书提出一个推动中国信息化合理推进的逻辑框架。该框架由两个要素构成，即中国信息化合理化的目标和解决问题的措施要点，见图 5-2。

针对上述框架，具体而言，本书认为需要做好如下方面的事情：

（1）进一步推动信息基础设施的建设、升级和更新工作，实施“宽带中国计划”，夯实推进信息化步伐的基础。政府需要有所为、有所不为，针对不同地区和地域的实际情况，制订出完善的信息化基础设施建设规划，对经济发达地区，鼓励民间资本以参股方式进入基础电信运用市场。对于边远地区，政府主导进行基础设施的建设，保证边远地区能够获得公平和公正的社会对待。这些投资本身就能够促进地区经济的发展，基础设施的完善也有利于信息化对产业、社会、文化的整合，投资和社会整合过程两者相互促进，相互补充，有助于促进社会、经济的和谐发展。

（2）通过制订“缩小数字鸿沟计划”，构建公平的信息利用环境，确保缩小城乡之间、地区之间、不同社会群体之间的数字鸿沟。在城市方面，政府可以通

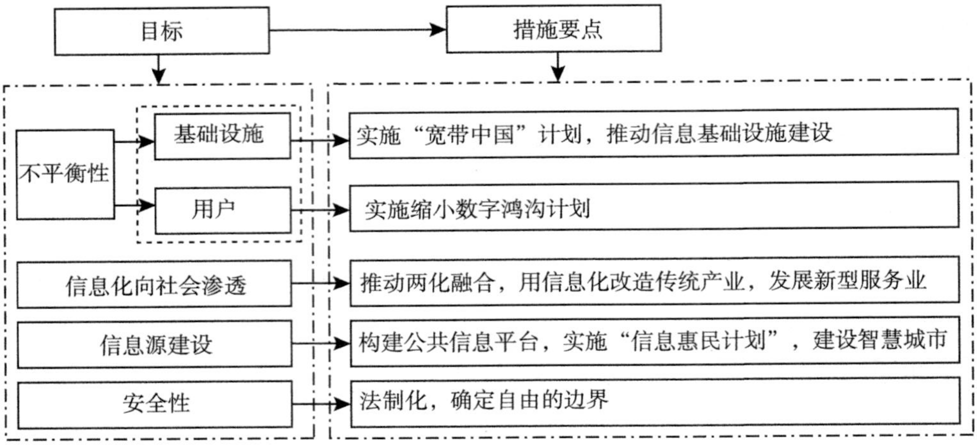

图 5-2　中国信息化解决方案框架图

过税收、补贴、政策性贷款等方式提高低收入家庭的支付能力，满足这些低收入家庭的光纤到户过程，从而解决其信息获取上的困难。对农村领域，进一步完善“家电下乡”政策，将电脑、手机、数码相机、电话、电视机等信息产品纳入下乡产品目录，提高补贴的力度，放宽限价，满足其对信息的需求。

（3）积极推动信息化改造传统产业，发展新型服务业，推动国民经济结构的调整进程，为国民经济的持续健康稳定发展服务。政府需要在财政、金融、税收等方面鼓励鼓励企业之间的重组和兼并，通过淘汰落后产能，推动能源、装备制造等加工业领域装备的数字化改造，提高企业的生产效率；通过农业流通领域的信息化，为农产品的高效流通服务；通过发展电子商务，建立现代金融、物流新型服务业产业体系。通过电子政务的建立，为国民提供更多优质高效的公共服务，增强政府的透明度，从而获得国民的拥护。各行各业顺应信息化时代的各种改变，将彻底改变人们的生产方式和生活方式。在国民经济领域，政府要在总结过去“工业化和信息化融合”试点的经验上，加快总结试点单位经验，并在全国范围内对这种经验进行推广。

（4）构建公共信息服务平台，实现信息惠民，为国民提供安全、可靠、有保障的公共信息源。公共信息服务平台包括教育、医疗、金融和就业等方面。公共信息服务平台的建立有利于公众获得安全、有信任感的信息源，推进教育、医疗、就业等优质资源的共享。全国范围内统一的就业信息联网的建立对普通劳动者而言，有利于劳动者了解各个地区岗位的状态，并做出正确的选择；对国家而言，有利于国家掌握全国范围内的劳动力需求状况，为宏观劳动政策的制定提供决策依据。金融 IC 卡的全国联网能够满足公民在中国范围内的旅游、购物、交通等公共服务领域的应用，为其尽情消费提供便利性。

（5）构建安全可信的信息消费环境，保护个人的隐私信息，提高网络信息的安全保障能力。保障信息安全包括三个方面的事情：第一是构建适合中国国情的法治环境。中国当前的法制建设远远落后于信息化的快速发展，需要加强对于信息化过程中个人权利和公共权利的研究，加强相应的立法工作，建立和完善中国信息安全的法律框架和相关的管理制度。第二是技术层面。需要加强技术的研发工作，修复网络中的各种技术漏洞和破绽，防止这些漏洞被不法分子利用，完善网络的管理工作，制定出严格的信息安全技术保障规范，并在实践中严格执行。第三是实践执行层面，对于利用网络进行犯罪的不法分子，不能姑息纵容，要毫不手软地进行打击，以达到对其他潜在犯罪的威慑作用。

参考文献

1. 蔡昉．中国人口与劳动问题报告（2003）——转轨中的城市贫困问题．社会科学文献出版社，2003.

2. 蔡昉．中国人口与劳动问题报告（2006）——人口转变的社会经济后果．社会科学文献出版社，2006.

3. 蔡昉．中国人口与劳动问题报告（2007）——刘易斯转折点及其政策挑战．社会科学文献出版社，2007.

4. 蔡昉．中国人口与劳动问题报告（2008）——刘易斯转折点如何与库兹涅茨转折点汇合．社会科学文献出版社，2008.

5. 蔡昉．中国人口与劳动问题报告（2010）——后金融危机时期的劳动力市场挑战．社会科学文献出版社，2010.

6. 蔡昉．中国人口与劳动问题报告（2011）——“十二五”时期挑战：人口、就业和收入分配．社会科学文献出版社，2011.

7. 卢向虎．农村劳动力转移知识读本．中国农业大学出版社，2009.

8. 陈甬军，景普秋，陈爱民．中国城市化道路新论．商务印书馆，2009.

9. 任丽君．农村劳动力开发与中国经济增长．经济科学出版社，2008.

10. 李仲生．中国的人口与经济发展．北京大学出版社，2004.

11. 张雅丽．中国工业化进程中农村劳动力转移研究．中国农业出版社，2009.

12. 李玲．珠江三角洲人口迁移与劳动市场．科学出版社，2005.

13. 罗明忠．农村劳动力转移：决策、约束与突破．中国劳动社会保障出版社，2008.

14. 李丽辉．技术进步对劳动力流动的效应研究．经济科学出版社，2007.

15. 王萍．中国农村剩余劳动力乡城转移问题研究．东北财经大学出版社，2008.

16. 秦兴方，田珍，季丹虎，陈玉平．农村劳动力转移的序次．社会科学文献出版社，2009.

17. ［日］南亮进．经济发展的转折点：日本经验．社会科学文献出版社，2008.

18. 李恒，彭文慧．劳动力转移与传统农区发展．社会科学文献出版社，2009.

19. 杨公朴，夏大慰．产业经济学．上海财经大学出版社，1998.

20. 史忠良．产业经济学．经济管理出版社，1998.

21. 资本论（第1卷）．人民出版社，1975.

22. 钟水映．人口流动与社会经济发展研究．武汉大学出版社，2000.

23. 辜胜阻，简新华．当代中国人口流动与城镇化．武汉大学出版社，1994.

24. 朱农．中国劳动力流动与“三农”问题．武汉大学出版社，2005.

25. 朱农．离土还是离乡？——中国农村劳动力地域流动和职业流动的关系分析．世界经济文汇，2004（1）.

26. 朱农．论收入差距对中国乡城流动及教育在其中的作用．人口与经济，2002（5）.

27. 王秀之．二元结构下农村劳动力转移效应的理论与实证研究．南昌大学博士学位论文，2009.

28. 杜鑫．中国农村住户参与转移就业的影响因素分析．经济研究，2010（3）.

29. 蔡昉，都阳，王美艳．劳动力流动的政治经济学．上海人民出版社，2003.

30. 程名望，史清华．个人特征、家庭特征与农村剩余劳动力转移．经济评论，2010（4）.

31. 赵耀辉．中国农村劳动力流动及教育在其中的作用．经济研究，1997（2）.

32. 李培林．劳动力转移造就中国经济增长奇迹，http：//finance.

sina. com. cn/roll/20070823/00331619784. shtml.

33. 吴森富．流动人口对经济增长的贡献——基于广东省的实证研究．华南师范大学硕士学位论文，2004.

34. 楚静．发达国家农村剩余劳动力转移模式及启示．北京农业，2009（4）.

35. 崔占峰．农业剩余劳动力转移就业问题研究．经济科学出版社，2008.

36. 国家教委社科司．中国革命史．高等教育出版社，1996.

37. 成德宁．中国经济发展中的“三农”问题．山东人民出版社，2009.

38. 肖冬连．中国二元社会结构形成的历史考察，http：//www. coldwarchina. org/zgyj/syzgzjywjh/000962. html.

39. 李玲．珠江三角洲人口迁移与劳动力市场．科学出版社，2005.

40. 赵显洲．中国农业剩余劳动力转移问题研究——以产业结构变动为主线. 经济科学出版社，2010.

41. 国务院研究室课题组．中国农民工调研报告．中国言实出版社，2006.

42. 边保全．农村剩余劳动力转移的前景、成因及其对策探讨．农业经济，2010（2）.

43. 国家统计局．之六：乡镇企业异军突起，http：//www. stats. gov. cn/tjfx/ztfx/xzgwsnxlfxbg/t20020605_21423. htm.

44. 宋林霖，孙宝民，李歆丽．农村剩余劳动力转移——政府的职责．中国农业会计，1996-12-16.

45. 胡笑红，钱卫华．外贸近六年首现月度逆差 经济企稳带动进口增长．京华时报，2010-04-11.

46. 孙承斌，李亚杰，谭浩．胡锦涛在省部级干部落实科学发展观研讨班上讲 话， http：//news. xinhuanet. com/politics/2010-02/03/content _ 12926039. htm，2010-02-03.

47. 吕政，郭克莎，张其仔．论我国传统工业化道路的经验与教训．中国工业经济，2003（1）.

48. 中国国家统计局．中国工业经济统计资料 1919—1984. 中国统计出版社，1985.

49. 任纪军 . 90 年代中国轻工业发展的战略分析．未来与发展，1991（3）.

50. 卢海燕．试论中国城镇化的内涵．辽宁教育行政学院学报，2005（9）.

51. 倪鹏飞．新型城镇化：理论与政策框架．广东经济出版社，2014.

52. 童大焕．四万亿投资应与城镇化紧密结合，http：//tongdahuan. blog. 163. com/blog/static/1318640582009106105528 28/.

53. 饶纯武．武汉机动车保有量今年将破 300 万 是否限购．湖北日报，2018-03-12.

54. 姜爱林．信息化的涵义与中国信息化发展的特征．郑州轻工业学院学报（社会科学版），2003（3）.

55. 国务院．国务院关于进一步推进户籍制度改革的意见，http：//www. gov. cn/zhengce/content/2014-07/30/content_8944. htm.

56. 张本波．我国劳动力成本变动趋势及影响研究．中国计划出版社，2009.

57. 常振亮，陈军林．对农村土地撂荒问题的调查．农村牧区机械化，2015.